ALFONS SARRACH

JENSEITS DES SCHEINS

NAHTOD-ERFAHRUNG UND MEDJUGORJE

MIRIAM VERLAG

Unsere Leiden von heute
sind Teil unserer Seligkeit von morgen

Papst Johannes Paul II. gewidmet,
der mir stets Hoffnung, Orientierung und Ermutigung war

Ein besonders herzlicher Dank gilt

Prof. Dr. H. G. Höffkes,

Frau Dr. A. Distelrath,

Prof. W. Draf vom Klinikum Fulda,

Marija Stelzer-Dugandzic in Wien (Medjugorje),

Marija Pavlovic-Lunetti in Mailand (Medjugorje),

und nicht zuletzt meiner Frau Anneliese,
die alle Höhen und Tiefen mit mir durchlaufen hat.

Inhaltsverzeichnis

Kapitel I

Alles war nur Rauch

Wankendes Weltbild

Es war im September des Jahres 1984. Aus Bremen erreichte mich der Anruf meiner Mutter mit der Nachricht, der Vater liege im Sterben. Sie bat mich zu kommen, solange er noch ansprechbar sei. Ohne Zögern machte ich mich auf den Weg mit meiner jüngsten, damals achtjährigen indischen Tochter Meena.

Früher eher verschlossen, hatte er sich mir, als seinem ältesten Sohn, in den letzten Jahren mehr offenbart und über seine Empfindungen gesprochen. Was würde er mir jetzt sagen, was sollte ich ihm sagen? Betreten traten wir an sein Bett. Ich ließ das Kind vor, um ihm einen Kuss zu geben. Dann setzte ich mich an den Rand. Er litt an Gefäßverschluss an den tieferen Beinbeckenvenen und wusste, wie es um ihn stand. Ich versicherte ihm, dass er uns ein guter Vater gewesen und ich ihm dafür dankbar wäre. Er war nie besonders religiös gewesen, aber doch ein gläubiger Mann.

Wie er aus der Rückschau sein Leben sehe, fragte ich ihn. Er schwieg einen Augenblick, schaute mich lange an und sagte dann: Alles war nur Rauch, so sehe ich es heute, – nur Rauch.

Ein sehr bewegtes Leben lag hinter ihm. Und ein hartes. Den Anfang des Zweiten Weltkrieges hatte er im Konzentrationslager Stutthof im ehemaligen Freistaat Danzig verbracht – wegen seiner bekannten Gegnerschaft zum nationalsozialistischen Regime. Aus diesem Grund war er beim Herannahen der Roten Armee nicht nach Deutschland geflüchtet. Er hatte Angst, dort die alten Widersacher zu finden. So lebte er, der polnischen

Sprache kaum mächtig, unter Polen. Es war nicht leicht für ihn. Erst 1958 entschloss er sich, in die Bundesrepublik zu gehen, um einen Neuanfang zu wagen. In Bremen baute er sich, nicht mehr ganz jung, ein Haus, wie einst in Danzig. Er hätte gern noch ein zweites gehabt. Das war immer sein Traum, er hatte immer nach vorn geschaut, sich immer neue Ziele gesetzt. In den letzten Jahren war es die Bienenzucht, die ihn zusätzlich beschäftigte. Er war leidenschaftlicher Imker und zeigte sogar wissenschaftliches Interesse an den emsigen Insekten.

Deshalb überraschte mich seine Antwort. War das sein geistiges Vermächtnis? Ich fragte nach. Es war so. Rauch ist lebensfeindlich, entsteht durch Verbrennungen. Rauch kann vergiften, im Rauch kann man umkommen. Manchmal können wenige Lungenfüllungen todbringend sein. Wovor wollte er mich warnen, was wollte er mir mit auf den Weg geben? Waren es nur lebensfeindliche Kräfte, die ihm am Ende in Erinnerung blieben oder der Hass, der im 20. Jahrhundert so vielen Menschen nur Blut und Tränen gebracht hatte?

Ich kam nicht dahinter. Und ich wollte es auch nicht. Gerade erst vor ein paar Jahren hatte ich drei indische Mädchen adoptiert, seelisch tief verwundete. Meine Frau und ich gingen ganz auf in dem Bemühen, sie zu heilen und sie auf ihr Leben in einer für sie neuen Kultur vorzubereiten, auf ein Dasein der Vielfalt und ständig neuer Möglichkeiten. Wir mussten aus der Hoffnung leben, erlebten gerade die ersten Erfolge mit ihnen, die ersten Freuden. Die Schmerzen um sie standen noch aus.

Die Arbeit als politischer Publizist zwang mich, hautnah die gesellschaftlichen Prozesse zu verfolgen. Mein zweites Buch war gerade herausgekommen und weitere schwebten mir vor. Die Welt war alles andere für mich als Rauch, sie war faszinierende Wirklichkeit, voller Herausforderungen, ich selbst voller Pläne und Visionen, für mich und meine Töchter. Nicht ahnen konnte ich, dass mir einmal die Worte meines Vaters vor Augen stehen würden, in anderer Weise zwar, aber doch ähnlich, in den ersten Jahren des 21. Jahrhunderts, das für meinen sterbenden Vater in weiter Ferne lag.

Nur drei Jahre nach seinem Ableben wurde ich von vielen Menschen auf Ereignisse aufmerksam gemacht, die sich im damaligen kommunistischen Jugoslawien abspielten, in einer kleinen Gemeinde, „Zwischen den Bergen“ genannt, auf kroatisch „Medjugorje“. Es liegt in der Nähe von Mostar. 1961 hatte ich die Stadt an der Neretva auf einer Rundreise durch das Land kurz besucht, um Aufnahmen von der historischen Brücke zu machen, die – so hieß es im Reiseführer – zu den Schätzen der Welt gehöre. Nach dreijährigen Arbeiten wurde sie 1566 fertig gestellt, als Wunderwerk der damaligen Baukunst gefeiert, durch Jahrhunderte Symbol für ein friedliches Zusammenleben zwischen Muslimen und Kroaten.

Niemand konnte bei meiner damaligen Reise ahnen, dass zwei Jahrzehnte später Menschen aus ganz Europa plötzlich in die kleine Berggemeinde oberhalb der Stadt strömen sollten und dass ein weiteres Jahrzehnt danach das sich in den 60er Jahren so siegessicher gebende kommunistische Regime zerfallen würde. Die Brücke in Mostar wurde Opfer des anschließend ausbrechenden blutigen „Bürgerkrieges“.

Ich war ein kritischer, durch und durch politisch denkender Journalist. Daher dauerte es etwas länger, bis ich mich auf den Weg machte, um mit jungen Menschen konfrontiert zu werden, denen angeblich eine geheimnisvolle Frau aus der Ewigkeit erschienen war. Sie kam mit einem dramatischen Aufruf an die ganze Menschheit, sich zu versöhnen, sich vom Geist des Habens und Genießens zu trennen und sich seiner eigentlichen Bestimmung zuzuwenden.

Als ich Weihnachten 1987 mit zunächst nur zwei der betroffenen Jugendlichen sprechen konnte, sollte das mein noch stark auf Raum und Zeit ausgerichtetes Weltbild ins Wanken bringen. Eine der Visionäre war die damals 22jährige Marija Pavlovic. Das aufschlussreiche und ernste Gespräch in einem abgelegenen Bauernhaus, dem später noch viele folgen sollten, eröffnete uns nach und nach eine neue Dimension des Lebens und sollte mich selbst auf eine Stunde vorbereiten, die, so sah es einige Zeit aus, meine letzte auf dieser Erde sein sollte.

Zwei Freunde

Mitte Januar 2005 war es so weit. Am 14. und 15. dieses Monats ging für meine Frau und für mich eine persönliche Ära zu Ende. Eine gute Freundin und einen guten Freund galt es zu verabschieden, die uns beide auf verschiedene Weise ans Herz gewachsen waren. Es war Samstag, und es war Angelina, unsere italienische Freundin, die wir zuerst zum Frankfurter Flughafen brachten. Nach 25 Jahren kehrte sie, Mutter von drei Töchtern, nach Kalabrien zurück. Es fiel ihr nicht leicht. Schicksalhafte Jahre hatten wir gemeinsam erlebt, uns gegenseitig gestützt. Unsere drei Töchter waren fast im gleichen

Alter. Die beiden jüngsten waren sogar miteinander eng befreundet, hatten im selben Orchester musiziert.

Bereits mit 42 Jahren wurde Angelina Witwe und blieb mit ihren noch in der Ausbildung stehenden Mädchen und einem Restaurant, das sie mit ihrem Mann im Zentrum von Fulda geführt hatte, zurück. Das war eine bittere Prüfung, eine Zeit, in der sie sich von Gott verlassen fühlte, mit ihm haderte und unseres Zuspruchs sehr bedurfte. An unübersehbarer Stelle hing im Restaurant ein Bild der Madonna. Ein paar Jahre vorher hatte sie sich einer Pilgergruppe nach Fatima angeschlossen, die ich betreuen und begleiten durfte. Aber nun fühlte sie sich auch von der Madonna allein gelassen. Zu allem Unglück hatte der Mann ihr auch noch ein gerade erst fertig gewordenes Hotel in der italienischen Heimat hinterlassen. Als Altersversorgung war es für beide gedacht, nun aber wälzte sich eine nicht kleine Schuldenlast auf sie zu.

Erst nach zwei Jahren ging die noch sehr junge älteste Tochter Marie-Angela (23), in Deutschland aufgewachsen, gerade erst verheiratet, nach Süditalien, um den Hotelbetrieb in Gang zu bringen, aus der Ferne von der Mutter beraten. Es gab Angebote, das attraktive Restaurant „San Remo" in Fulda zu kaufen und Vorschläge, sich des Hotels im Süden ebenfalls zu entledigen, weil sie es als alleinstehende Frau unmöglich bewältigen könnte. Aber sie lehnte ab – und sie schaffte es. Jetzt, nach zehn Jahren, hatte ihr der Schwiegersohn allerdings eröffnet, dass er den Wunsch habe, sich selbständig zu machen. Das hieß, dass sie schweren Herzens den Betrieb in Deutschland aufgeben und nach Kalabrien zurückkehren musste, um mit ihren Töchtern das Hotel in Torre Melissa zu übernehmen und auszubauen. Dieser Ort liegt in der

Nähe von Crotone, wo einst der griechische Philosoph und Mathematiker Pythagoras im 6. Jahrhundert v. Chr. nach dem Sinn des Lebens forschte und die Sterne singen hörte.

Es war ein bitterer Abschied. Eine bittere Trennung auch für uns, die uns sehr nahe ging. Waren wir doch wie eine Familie zusammengewachsen. Fast täglich hatten wir uns gesehen und Freud und Leid miteinander geteilt. Wir hatten ihre Tränen getrocknet, als sie ihren Mann beweinte, sie sprach uns Trost zu, als bei meiner Frau Krebs entdeckt wurde. Wir erlebten eine zuverlässige, feinfühlige, starke, selbstlose und religiöse Frau, wie sie nur selten zu finden ist.

Nur einen Traum habe sie nicht verwirklichen können, bekannte sie wehmütig ein paar Tage vor der Abreise: mit uns zusammen in die Herzegowina nach Medjugorje zu fahren, das inzwischen ein weltweites Echo gefunden und über das wir oft gesprochen hatten. Das bleibe als schmerzliches Versäumnis zurück. Kurz zuvor hatte sie uns zu Weihnachten aus Italien einen fast lebensgroßen Jesusknaben in der Krippe geschenkt, ein ausdrucksstarkes Abschiedssymbol. Sie ging, aber sie ließ uns das Kind in der Krippe zurück. Das war Angelina. Ich machte ihr vor dem Abflug ein Kreuz auf die Stirn. Würden wir sie je wiedersehen? Schon der Tag darauf zeigte, dass es kaum der Fall sein würde.

Den Kummer des Abschiedes von unserer italienischen Freundin noch in der Seele, machten wir uns am nächsten Tag auf, um in Hainzell, einer Gemeinde unweit der Barockstadt Fulda, an der Abschiedsfeier für unseren kroatischen Freund, Pater Dominikus Ramljak, einen Franziskaner, teilzunehmen. 1977 war er mit einigen Mitbrüdern aus der Herzegowina in den Vogelsberg bei Fulda gekommen, um in mehreren Pfarreien eine dramatische Lücke in der Seelsorge zu schließen. Schnell hatte er die Herzen der ansonsten eher verschlossenen Menschen gewonnen. Als er ein Jahr später in eine andere Gemeinde versetzt werden sollte, gab es stürmische Proteste von Seiten der Gläubigen. „Wir geben ihn nicht mehr her", hieß es überall – und der Bischof gab nach. So blieb er 28 Jahre.

Unter den zahlreichen Gästen sahen wir einen Bundestagsabgeordneten, einige Landtagsabgeordnete, mehrere Bürgermeister, auch aus entfernteren Gegenden, Prominente und weniger Prominente aus dem ganzen Kreis. Weihbischof Johannes Kapp, Personalleiter des Bistums, hielt die Abschiedsmesse und –rede. Das verriet den Grad der Beliebtheit von Pater Dominikus.

Wir hatten ihn in Verbindung mit den Nachforschungen über Medjugorje kennen gelernt. Von Anfang an begleitete er mit großem Einfühlungsvermögen unsere Bemühungen um Klarheit über das Geheimnis dieser Stätte und seine Hintergründe. Er kannte sich gut aus in der dortigen Gegend. 18 Jahre währten unsere engen Kontakte, er wurde mir Freund, Berater und Seelsorger. Weit und breit sah ich keinen Menschen, der ersetzen könnte, was er mir geworden war. Eine großartige Priestergestalt, der man sich mitteilen konnte, ein demütiger Humanist und Kroate mit Leib und Seele. Es war mir, als würde er hinter einem Vorhang verschwinden – für immer.

Nach der feierlichen Messe sollte ein ausgiebiges Programm im gegenüberliegenden Gemeindehaus ablaufen. Das Händeschütteln mit den vielen Bekannten schien endlos zu dauern. Endlich konnten wir Platz nehmen.

Meine Frau hatte mir eine Tasse Kaffee besorgt. Gerade war ich dabei, den ersten Schluck zu nehmen, da überraschte mich ein Blutsturz aus der Nase. Erst glaubte ich, es mit ein paar Taschentüchern stillen zu können, aber dann sahen Umstehende, dass Anzug und Oberhemd bereits blutdurchtränkt waren. Man führte mich hinaus, holte meinen Mantel, jemand alarmierte den Unfallwagen des Malteser-Hilfsdienstes. Mit Blaulicht ging es in die Fuldaer Klinik. Dort nahm mich eine junge Ärztin, Dr. Britte Prokamp, in Empfang. Sie versuchte, das Blut zu stoppen, eine mühevolle Arbeit. Als es gelungen war, sagte sie: „Sie müssen auf jeden Fall hier bleiben. Morgen wird Sie der Chef untersuchen."

Kapitel II

Der Tag X

Sonne und blauer Himmel

Den Chef, Prof. Dr. Wolfgang Draf, auf dem Gebiet der HNO-Medizin eine weltweit berühmte Kapazität, kannte ich. Wir waren seit 25 Jahren befreundet. Er verfolgte oft mit Interesse meine Leitartikel und besaß einige meiner Bücher. Er hatte eine meiner indischen Töchter betreut. Als ich das Behandlungszimmer betrat, wirkte er ernst, zwei Stationsärzte an seiner Seite. „Was Sie haben, hat seine Wurzeln nicht im HNO-Bereich", sagte er. „Ich habe mir bereits Ihre Akte besorgt. Sie waren vor zwei Jahren im Herz-Jesu-Krankenhaus, die Sache hat sich nicht zum Besseren verändert. Zunächst einmal müssen wir Ihnen Blut geben, Sie haben sehr viel verloren. Dann wird Sie mein Kollege, Prof. H. G. Höffkes, auf Ihrem Zimmer besuchen." Am Ende glitt das Gespräch, wie immer, in geistige Themen ab. Es gab vieles, was uns beide beschäftigte, wir bewegten uns auf derselben Wellenlänge. Mich interessierte außerdem sein Werdegang in die medizinische Weltspitze.

In der Tat hatte mich seinerzeit mein Hausarzt H. I. Peters wegen zunehmender Appetitlosigkeit an einen sehr gefragten und überlaufenen Facharzt für Geriatrische innere Medizin an der Elisabethenklinik, Dr. W. Behringer, verwiesen. Dieser untersuchte mich gründlich. Als wir uns ein paar Tage danach auf dem Parkplatz vor dem Krankenhaus trafen, ich wollte gerade eine Ordensschwester besuchen, rief er mich zu sich und sagte: „Ich habe keine gute Nachricht für Sie. Mit Ihrem Blut stimmt etwas nicht. Ich werde Sie an meinen Kollegen, Prof. H. J. Glaser, weiterreichen."

„Schenken Sie mir bitte reinen Wein ein", sagte ich, als wir sein Zimmer betraten. „Sie können mich nicht erschrecken. Was in Ihren Augen eine böse Nachricht sein kann, dürfte für mich eine gute sein, die Ankündigung, bald Abschied zu nehmen von dieser Welt." Erstaunt schaute er mich an, zeigte auf das Fenster und den strahlend blauen Himmel: „Schauen Sie, wie schön unsere Erde sein kann", meinte er, „und Sie wollen sie verlassen?" Erheitert erwiderte ich: „Was ist diese Sonne und dieser blaue Himmel im Vergleich zur Ewigkeit, ein blasser Schatten." Und dann machte er eine Bemerkung, die ich zwei Jahre später im benachbarten Fuldaer Klinikum oft hören sollte: „Das habe ich noch nicht erlebt."

Zum Abschied drückte er mir warm die Hände und bedankte sich für das Gespräch. Ich hielt einen Augenblick inne und sagte. „Falls es ernst sein sollte, hätte ich eine Bitte. Ich muss noch zwei wichtige Buchmanuskripte beenden, die mir kaum jemand abnehmen kann, über zwei große geistige Verirrungen des 20. Jahrhunderts. Meinen Sie, dass die Zeit dafür noch reicht?" – „Wie lange brauchen Sie dafür", wollte er wissen. „Die Vorarbeiten sind abgeschlossen, aber zwei Jahre werden notwendig sein, um die Titel rauszubringen", klärte ich ihn auf. Nachdenklich nickte er mit dem Kopf. Dann sagte er ehrlich: „Wir wollen es versuchen, garantieren können wir nichts." – „Was wäre denn passiert", wollte ich noch wissen, „wenn ich nicht zu Ihnen gekommen wäre?" – „Dann wären Sie eines Tages eingeschlafen und nie mehr aufgewacht."

Anschließend landete ich für ein paar Tage im danebenliegenden Herz-Jesu-Krankenhaus, beim Internisten Prof. H. J. Glaser, der mich gründlich untersuchte und beobachtete, einschließlich des Rückenmarkes. Am Ende betrat er mein Zimmer, um sich zu verabschieden. Liebevoll meinte er: „Sie werden nicht nur zwei Bücher schreiben können, vielleicht noch ein paar mehr." Lediglich monatlich eine Vitamin-B-12-Spritze sollte ich mir geben lassen. Zum Abschied schenkte ich ihm meinen neuesten Titel und einen Rosenkranz. Er betrachtete ihn nachdenklich und sagte dann: „Es dürfte lange her sein, dass ich ihn das letzte Mal gebetet habe." – „Eine Gelegenheit, es wieder zu versuchen", bemerkte ich und bedankte mich für seine Betreuung.

Zwei Manuskripte

Er behielt Recht. Ein Jahr später konnte ich den *Jahrhundertskandal* herausbringen, eine harte Abrechnung mit den unverantwortlichen, unwissenschaftlichen Spekulationen in der Bibelwissenschaft des 19. und 20. Jahrhunderts, die alle Berichte über Jesus von Nazareth mehr oder weniger zu einer Legende oder zum Mythos herabstufen wollten. Diese oft sehr renommierten Männer stützten sich dabei mehr auf ihre eigenen Vermutungen und Meinungen und sind die wissenschaftlichen Beweise schuldig geblieben. Den wahren Jesus würden wir nicht kennen; was die Evangelien uns berichten, seien Verklärungen, sprich Schöpfungen späterer Generationen. Sie entzogen damit Millionen von Menschen die Grundlagen ihres Glaubens und stürzten sie in die Orientierungslosigkeit. Vor allem die so genannte Spätdatierung, das heißt, die angeblich späte Entstehung der Evangelien erst Jahrzehnte nach dem Tode Jesu versuchte ich zu entkräften und schlug im Sinne heutiger anglikanischer Forscher vor, zum historischen Realismus zurückzukehren. Wie wichtig diese Veröffentlichung war, machte mir ein Brief des Papstes Johannes Paul II. deutlich, der sich für diese Arbeit ungewöhnlich herzlich bei mir bedankte.

Das zweite Buchmanuskript betraf mystische Vorgänge in den Jahren von 1949 bis 1952 im Raum Bamberg, die aus gesellschaftlicher Sicht vor dem sich abzeichnenden Kulturverfall in der westlichen Welt warnten, und aus religiöser Perspektive die Gläubigen zu einer Vertiefung ihrer Glaubenswelt aufriefen, die dem Entwicklungsstand der Menschheit angemessen wäre. Die jungen Visionäre wurden jedoch verkannt und das ganze Phänomen von den kirchlichen Behörden abgelehnt und unterdrückt. Erst mehr als 40 Jahre später trat eine Wende in der Bewertung ein. Den betroffenen Menschen aber hatte es unendliches Leid eingebracht.

Das Manuskript war fertig und wurde vom Verlag gerade für die Veröffentlichung vorbereitet. Aber es sah danach aus, als würde ich sein Erscheinen auf dem Markt nicht mehr erleben. Der verhängnisvolle Blutsturz am 15. Januar setzte vorerst allen weiteren Buchträumen ein Ende. Aber immerhin, ich hatte es geschafft, die beiden Bücher zu schreiben.

Zum Greifen nah

Wie von dem großen – und doch sehr bescheidenen – Arzt Prof. Dr. W. Draf angekündigt, besuchte mich bald sein Kollege, Prof. H.G. Höffkes. Er stellte sich vor, verwickelte mich in ein Gespräch und kam dann auf den

Kern zu sprechen: „Mein Kollege Draf sagte mir, man könne offen mit Ihnen sprechen. Sie ahnen sicher, wie es um Sie steht. Ich will kein Geheimnis daraus machen, Sie haben bösartigen Blutkrebs, Plasmozytom maligne, wir müssen Sie in den nächsten Tagen nach unten, ins Tumorzentrum verlegen." Eigentlich wunderte ich mich über mich selbst. Gelassen antwortete ich: „Also die Aussicht, bald in der anderen Welt zu sein." Der Professor wirkte überrascht.

Behutsam schloss er die Tür. Die ganze Nacht gingen mir die zwei letzten Jahre durch den Kopf, die Arbeit an den Buchmanuskripten. Vor allem am letzten, in dem ich die Ereignisse in Heroldsbach bei Bamberg untersucht hatte. Als ich mich mit den Einzelheiten vertraut machte, mit den geradezu unmenschlichen Methoden, mit denen die jungen Seher eingeschüchtert und terrorisiert worden waren – sie waren exkommuniziert worden und durften die eigene Pfarrkiche nicht betreten, sogar die kirchliche Trauung wollte man ihnen später verweigern – erschütterte mich das bis ins Mark. Ich hörte, und zwar aus dem Munde der inzwischen reifen Visionäre von damals, dass sie das Trauma des Psychoterrors trotz innerer Bereitschaft zur Vergebung immer noch nicht ganz überwunden hatten, dass sogar ihre Kinder noch Narben in der Seele trugen und Angst vor einer Wiederholung hatten.

Meine Untersuchungen in Medjugorje, über das ich zwei Buchtitel geschrieben hatte, hatten mir gezeigt, auf wieviel Verblendung und Unverständnis, ja Herzlosigkeit man unter Umständen bei solchen Konflikten gefasst sein muss – nicht nur bei politischen Instanzen, sondern auch bei Vertretern der Kirche. Was ich aber über die

Tragödie vieler Menschen in Heroldsbach erfuhr, stellte alles in den Schatten. Und mir kam plötzlich in den Sinn, dass dieser Schock die Wende zum Bösartigen bei meiner Krankheit ausgelöst haben könnte. Ich habe mich nie als Schriftsteller verstanden, der mit seinen Büchern Wohlstand vermehren wollte; die investierten Gelder sind nie zurückgeflossen, auch auf ein Millionenpublikum hatte ich es nie abgesehen. Mir ging es stets um Denkanstöße für wache und suchende Menschen, um Verantwortung für das Schicksal der Menschheit, um den Sinn ihrer Existenz und um ihre Bestimmung, nie um Unterhaltung, und am allerwenigsten um Sensation.

Bei keinem einzigen geschriebenen Buch musste ich – wie so mancher andere Schriftsteller – bereuen, es verfasst zu haben. Jedes sollte Orientierungshilfe sein, ein Aufruf, im Rahmen seiner Möglichkeiten dazu beizutragen, diese Welt jeden Tag ein wenig besser werden zu lassen, die Menschheit jeden Tag um ein paar Millimeter ihrer letzten Berufung näher zu bringen. In jedem steckte ein Stück meiner selbst, meiner Leiden und Hoffnungen. Jedes hatte an der Gesundheit gezehrt, und manches war eher mit Herzblut als mit dem Stift zu Papier gebracht worden. Vor allem aber das letzte, dem ich den Titel gab *Leuchtfeuer für Europa*.

Dr. W. Behringer kam mir in den Sinn. Die zwei Jahre, die ich mir bei ihm noch gewünscht hatte, um die Titel herauszubringen, sie waren um. Seinem Gesicht sah ich damals an, dass er es eher für unwahrscheinlich hielt. Nun war der Tag X also zum Greifen nah, er stand vor der Tür. Und je mehr ich mir dessen bewusst wurde, umso mehr ergriff mein innerstes Wesen langsam, Schritt für Schritt, eine tiefe Freude. Der Tag, auf den mein ganzes Leben ausgerichtet gewesen war, über den ich so oft nachgedacht, meditiert hatte, die Stunde, für die ich seit meiner frühesten Kindheit im „Ave Maria" – … jetzt und in der Stunde unseres Todes … – den Beistand der Madonna erbeten hatte, er kam auf mich zu. Ich würde in die Ewigkeit eingehen, der Ewigen Liebe gegenüberstehen. Eine tiefe Sehnsucht ergriff mich nach diesem großen Augenblick, ein warmes Feuer fing an zu lodern, und in ihm begann meine ganze bisherige Sicht der Dinge zu verbrennen. Die Brille, durch die ich meine Umwelt, die Menschen, den Ablauf des Lebens, die Geschichte gesehen hatte, sie löste sich auf.

Wieviel Zeit noch?

Im Tumorzentrum stand eines Morgens Prof. H. G. Höffkes mit einem ganzen Team von Mitarbeitern vor mir, Ärzte, Krankenschwestern, Pfleger. Erfüllt noch von der Vorfreude auf die Ewigkeit, die ich in der letzten Nacht erlebt hatte, sagte ich ihm: „Sie waren sehr offen zu mir. Ich danke Ihnen dafür. Eine Bitte habe ich noch, es gilt einige Dinge zu regeln. Wieviel Zeit bleibt mir noch? Ich möchte nicht überrascht werden."

Der Professor schüttelte sich, es war fast ein Protest: „Das kann ich Ihnen als Arzt nicht sagen. Wir kämpfen bis zuletzt und geben die Hoffnung nie auf." – „Tut mir leid, Herr Professor, bei allem Respekt für Ihre Vorsicht, aber damit kann ich mich nicht zufrieden geben. Eine Übersicht dürften Sie nach so vielen Jahren Erfahrung haben, geben Sie mir einen Rahmen, eine Art Orientierung, das erwarte ich von Ihnen." – „Sie scheinen doch guten Kontakt nach oben zu haben", antwortete er. „Sie müssten es besser wissen." – „Wie gut dieser Draht ist, weiß ich nicht", konterte ich. „Noch bin ich hier und Ihnen anvertraut – also, wie lange noch? In Kürze soll mein neuestes Buch erscheinen, werde ich es noch in Händen halten?" – „Ich weiß es nicht", kam es aus ihm heraus. Doch dann fügte er hinzu, wie unter einem Zwang stehend: „Vielleicht sechs Wochen, zwei Monate, ein Jahr, zwei Jahre. Wir werden eine Chemotherapie machen, es kann sein, dass diese nicht mehr greift, es ist ein verschleppter Krebs. Sie haben den Tumor schon länger. Er ist heimtückisch. Sie wissen, was das bedeutet. Ich weiß es wirklich nicht."

„Danke, das genügt mir. Aber einen Wunsch möchte ich noch hinzufügen, schlagen Sie ihn mir bitte nicht aus. Wenn die besagte Stunde X schlagen wird, möchte ich sie bei vollem Bewußtsein erleben, nicht im Dämmerzustand. Es wird die wichtigste meines Lebens. Versprechen Sie mir, dass Sie alles tun werden, um das möglich zu machen. Es wäre meine einzige Bitte." Er schaute weg, gab seinen Begleitern zu verstehen, dass die Visite beendet ist, und sagte zu mir: „Ich verspreche es Ihnen, soweit es in meinen Kräften stehen sollte. Aber noch ist es nicht so weit."

Ich stellte mich darauf ein, dass es eher weniger als mehr sein würde. In meiner Umgebung hatte ich von 19-Jährigen gehört, die sterben mussten, sehr schnell, von einem Fußballer, der nach einem Spiel über Schmerzen klagte und nach einer gründlichen Untersuchung gesagt bekam, dass er voller Metastasen sei; von 24-Jährigen, die in einen Abgrund stürzten, als sie hörten, wie es um sie stand; von 40- und 50-Jährigen, bei denen nichts mehr zu machen war. Mit Verdrängen ließ sich nichts hinauszögern. Es ist weise eingerichtet, dass wir nicht wissen, wann unser Leben zu Ende geht. Aber jetzt war es mir lieber, diesen Augenblick vor Augen zu haben.

Entdeckungsreise

Der Krankenhausalltag begann, das morgendliche Fiebermessen, die Überprüfung des Blutdrucks und des Gewichts. Schließlich war das Studium der sehr großzügigen Speisekarte stets ein kleines Ärgernis für mich. Noch in Erinnerung hatte ich die Krankenhäuser in Indien, die ich vor Jahren erlebt hatte und in denen die Patienten zum Teil von ihren Familienangehörigen mit bescheidener Nahrung versorgt werden mussten. Und immer wieder wurde ich untersucht. Ab und zu sorgte neues Blut in der Nase für Aufregung. Es lag an der Gerinnung. Alles in allem aber wurde der Aufenthalt in der Klinik für mich zu einer Entdeckungsreise. Ich sah die Welt neu, unter anderen Blickwinkeln als bisher, als hätte ich alles hinter mir. So muss ein Baby empfinden, das alles um sich herum neugierig betrachtet, dem alles fremd ist, vielleicht unheimlich, nach der dunklen Geborgenheit im Mutterschoß. Bei mir war die Position umgekehrt. Die Haltung des Sichlösens von der Welt gab mir eine Art von Geborgenheit, wie ich sie – mitten im Leben stehend – nie erfahren hatte.

Ich sah Menschen und ihre Umgebung plötzlich in einem anderen Licht, sie wurden fast durchsichtig für mich, Ärzte, das Pflegepersonal, Mitpatienten, Besucher, die sich einfanden. Was mich bei meinen Gästen befremdete, war ihr offen oder versteckt gezeigtes Mitleid – oder ihr vorgetäuschtes. Die Welt, in der ich bisher gelebt hatte, wurde zum Nebel, unwirklich. Ganz besonders interessierten mich der Werdegang der Krankenschwestern, der Patienten, jener im Zimmer und jener, die ich auf den Korridoren traf. Und manchen konnte ich auf den Grund ihrer Seele schauen, ihr Inneres sehen und bemerkte, dass es ganz anders war als das, was man von außen von ihnen wahrnahm.

Eine Ahnung ging in mir auf, wie Menschen sich gegenseitig in der Ewigkeit sehen werden. Sie dürften den Kern der Persönlichkeiten erkennen, das wirklich Einmalige ihres Wesens, ohne charakterliche Verzerrungen, ohne seelische Verstümmelungen, die Schuld, die Vernachlässigungen und der Mangel an Liebe von Anfang an im Menschen bewirken.

Wenn die Dienst habenden Krankenschwestern am frühen Morgen das Zimmer betraten und sich nach unserem Befinden erkundigten, antwortete ich manchmal: „Sie wissen es, ich lebe in der Vorfreude auf den Himmel." Das war neu für sie, aber es bewirkte eine ganz andere Art von Beziehungen zwischen ihnen und mir. Es kam nicht selten zu intensiven, persönlichen Gesprächen. Gelegentlich baten sie um Rat, offenbarten mir ihre Probleme und Krisen.

Eine junge, sehr aufmerksame Pflegerin kam außerhalb der normalen Zeit in mein Zimmer, als das Nebenbett nicht belegt und ich allein war. Ob ich ihr nicht einen Rat geben könnte, wie man nämlich heute einen guten Mann findet. Ich war überrascht, dass noch niemand auf den Gedanken gekommen war, um ihre Hand zu bitten. Sie war eine Frau wie aus dem Bilderbuch, voller Hingabe an ihren Beruf, immer geduldig, einfühlsam und voller Charme. Aber nicht das ist es, was offensichtlich Männer heute suchen. Der Sexwahn hat sie blind gemacht für das wahrhaft Frauliche, für Charakterstärke und innere Schönheit. Ich empfahl ihr, um einen guten Partner zu beten. Ein indisches Sprichwort besage, gute Ehen würden im Himmel geschlossen. Sie würde nicht enttäuscht werden.

Eines Tages besuchte mich ein junger Zivildienstleistender, Sohn eines Arztes, um sich zu verabschieden. Seine Zeit am Klinikum war um. „Ich möchte mich bei Ihnen bedanken", sagte er. „Bedanken? Wofür? Ich bin in Ihrer Schuld für Ihre guten Dienste", antwortete ich. Aber er fuhr fort: „Ich möchte mich für das Beispiel bedanken, das Sie uns gegeben haben. Das haben wir hier noch nicht erlebt." Er war Student der Medizin. Und ich war sehr bewegt. Was hatte er noch nie erlebt? Ich fragte nicht nach, aber ich konnte es mir denken.

Ähnliches widerfuhr mir mit zwei Damen des ökumenischen Krankendienstes von der Dietrich-Bonhoeffer-Gemeinde. Sie kamen als Seelsorgerinnen, waren sehr einfühlsam, fragten nach dem Befinden, dem Zustand. Aber sehr bald vertauschten sich die Rollen. Die angetroffene Seelenverfassung des Kranken machte sie sprachlos, und wenn sie gehen mussten, weil die Zeit um war, bedauerten sie es. Das ließ viele Rückschlüsse zu. Was mochten sie sonst erleben? „Ich bin als Seelsorgerin zu Ihnen gekommen, aber der Seelsorger waren Sie", meinte eine beim Abschied. Es machte mich glücklich. Vom Krankenbett aus Seelsorger sein zu dürfen, war ein Geschenk.

Ewigkeit irritiert

Gelegentlich gab es auch andere Reaktionen. Als ich eines Morgens eine reife Krankenschwester mit der lächelnden Bemerkung begrüßte: „Ich freue mich auf den Himmel“, antwortete sie darauf: „Ach, lieber Herr, seien Sie doch nicht immer so pessimistisch.“ Mein Mitpatient lachte darauf zustimmend. Es war ein spöttisches Lachen. Ich erwiderte jedoch: „Aber Schwester, mir scheint, der eigentliche Pessimist hier sind Sie. Ich habe Sie neulich beobachtet, als Sie sich unbeobachtet glaubten und dabei entdeckt, dass sich hinter Ihrem immer freundlichen Gesicht, hinter Ihrem forschen Gebaren eine große persönliche Tragik verbirgt, die Sie vor uns zu verstecken suchen.“ Sie schaute mich ein wenig verdutzt an, senkte den Kopf und verließ das Zimmer. Meinem Nachbarn verstummte das hässliche Lachen auf den Lippen.

Als merkwürdig empfand ich, dass Menschen eine Erwähnung der „Ewigkeit“ für Pessimismus hielten. Dies war kein Einzelfall. Vor allem bei Patienten stieß man immer wieder auf eine vergleichbare Haltung. Sie hatten keinen Bezug zu ihrem Leben nach dem Tode. Schon der Gedanke daran schien sie zu irritieren, sie verdrängten ihn. Mit sprachlosem Staunen erfüllte mich, wenn Patienten – vor allem Männer –, denen man ansah oder von denen die Verwandten mir berichteten, dass ihre Lebensuhr ablaufe, noch großen Wert darauf legten, die abendliche Sportschau zu verfolgen, ohne Rücksicht darauf, was der Nachbar dabei empfand. Andere pflegten ihren Frauen am Telefon das Abendmenü, das sie gerade vor sich hatten, in allen Einzelheiten genüsslich zu schildern. Weiter reichte ihre Aufmerksamkeit nicht.

Als einem Patienten in behutsamen, aber unmissverständlichen Worten klar gemacht wurde, dass die Krankheit bereits den ganzen Körper erfasst hatte, dass er also voller Metastasen ist, tat der Angesprochene, als habe er nichts verstanden. Erst ein Telefongespräch, das er ein paar Stunden später mit gebrochener Stimme führte, verriet, dass ihm in der Zwischenzeit wohl bewusst geworden war, wie es eigentlich um ihn stand. Das konnte ihn nicht davon abhalten, am nächsten Tag in Gegenwart seiner erwachsenen Tochter einen zweideutigen Witz zu machen.

„Grossartige Symphonie"

Verloren wirkt der moderne Mensch, der sich plötzlich mit seinem Ende konfrontiert sieht, mit einer Wirklichkeit, der er nicht mehr ausweichen kann. Und tiefes Mitgefühl wurde in mir wach mit diesen plötzlich auf sich selbst zurückgeworfenen, um jede Hoffnung betrogenen Menschen.

In Erinnerung kam mir eine Radiosendung, die vor dreißig Jahren über die Wohltaten des schwedischen Sozialstaates berichtete. In überschwenglichen Worten schilderte der offensichtlich junge Redakteur dieses angebliche Paradies auf Erden, in dem jedes menschliche, ganz auf die Erde ausgerichtete Leben am Ende wie eine großartige Symphonie ausklingen würde. Schon damals kam es mir wie utopischer Sirenengesang vor, jetzt klang es in meinen Ohren wie leeres Metallgeklimper.

Überraschend wurde eines Tages eine Trennwand zwischen mich und das leere Nachbarbett gestellt. Bald sollte ich erfahren, warum. Aus einer anderen Station wurde ein neuer Patient hineingelegt. Er wurde von Verwandten begleitet. Ein paar Minuten danach folgte ein Arzt, beugte sich über den Kranken und sagte warmherzig: „Jetzt werden Sie ruhig schlafen können." Morphium sollte das bewirken. Aber er durfte es nicht. Verwandte füllten bald das ganze Zimmer, obwohl nur zwei Personen zugelassen waren. Die Luft wurde immer stickiger. Da ging jemand ans Fenster und riss es auf. Ich lag dicht daneben. Eisiger Wind wehte über meinen Kopf. Niemand fragte danach. Ein Enkelkind wurde hereingebracht – auch das war nicht erlaubt –, um „Opa" zu erfreuen. Der Kranke konnte nur noch flüstern. Er lag im Sterben, das erkannte ich jetzt. Bald konnte er nicht einmal mehr flüstern.

Neben dem Bett saß seine Ehepartnerin und eine Verwandte. „Den da oben gibt es nicht, den da oben gibt es nicht", klagte sie immer wieder. Sie sprachen von einer jungen Verstorbenen, die zwei Kinder hinterlassen hatte. „Wenn es Ihn gäbe, würde Er so etwas nicht zulassen. Er hat noch so viel vorgehabt. Nein den da oben gibt es nicht!" Es war Ausdruck tiefster Verlassenheit, ein Schrei der Verzweiflung gen Himmel: Warum schweigst Du? Wenn es Dich gibt, warum greifst Du nicht ein? Das war es, was der Sterbende vernahm, und es klang keineswegs wie eine „wunderbare Symphonie", mit der einst ein unerfahrener Rundfunkredakteur das Ableben des Menschen verglichen hatte. Mir wurde etwas ganz anderes bewusst – die beklemmende Verarmung der Menschen, die keine tiefere Beziehung zum Tode mehr haben und darum auch zum Leben nicht. Wie eine schöne Melodie kann das Leben ausklingen, wenn der Mensch gegen Ende seines Daseins ausgesöhnt ist mit sich selbst, mit seiner Geburt, mit seinem Werden und mit dem auf ihn zukommenden Tod, dem er nicht ausweichen kann. „Bruder Tod“ nannte einst der berühmte Franz von Assisi das Ableben. Wieviel Liebe zum Leben klingt in diesem Verständnis vom Tode durch.

Meine Hand tastete nach dem Rosenkranz, der auf dem Nachttischchen lag, und ich fing an, den Himmel um Frieden für meinen sterbenden Nachbarn und um einen sanften Tod für ihn zu bitten. Mehrere Stunden sprach ich mit dem Himmel. Ich war der einzige, der im Raum betete. Einen Augenblick verließen die Damen das Zimmer. Ich musste ins Bad und an seinem Bett vorbei. Er sah mich mit aufgerissenen Augen an, und ich hatte den Eindruck, dass er mich kannte. „Ich bete für Sie“, sagte ich still. Um Mitternacht schlief er sanft ein.

Aus der Pathologie kam eine Ärztin und fragte, ob mit einer Organspende zu rechnen sei. „Darauf habe ich gewartet, das fehlt noch“, war die empörte Antwort. „Nein!“ Wenige Tage später fand meine Frau die entsprechende Todesanzeige in der Zeitung. Darin war die Rede von einer Seelenmesse für den Toten und vom Rosenkranz, den man in der Kirche für ihn beten wolle, entsprechend der Tradition in dieser Region.

Nachdem man den Leichnam abgeholt hatte, kam eine türkische Krankenschwester an mein Bett und fragte, ob ich in ein anderes Zimmer verlegt werden wolle, sie habe noch ein Bett frei. Sie hatte einmal erlebt, dass Angehörige nach dem Ableben eines Verwandten die Bilder von der Wand gerissen, zerschlagen und randaliert hätten. „Aber nein“, sagte ich, „warum diese Mühe? Es geht mir gut und ich werde ruhig schlafen." Ob sie denn wenigstens die Tür zum Korridor auflassen solle, fragte sie etwas zögerlich. „Auch das nicht, Schwester, seien Sie unbesorgt, was soll mir denn passieren?" Sie könnte das nicht, meinte sie, ich sollte mich gut zudecken, sie wolle dann wenigstens das Zimmer gründlich lüften. Damit war ich einverstanden. Trotz aller Gleichförmigkeit haftet dem Tod also immer noch etwas Unheimliches an.

Keine persönliche Note

Beim nächsten Gespräch mit dem Professor erwähnte ich mein Erlebnis. Ein wenig hatte ich den Verdacht, als habe man den Sterbenden nicht ganz unabsichtlich neben mich gelegt. Und ich war im nachhinein dankbar dafür. „Raten Sie mal, wie viele Sterbende ich schon erlebt habe?", fragte er mich. Ich zuckte mit den Achseln. „Schwer zu sagen, vermutlich 200 bis 300." – „Es waren um die fünftausend, aber abgesehen von den letzten habe ich keine in Erinnerung." Ohne Kommentar ließ er es bei dieser Bemerkung bewenden.

Was wollte er mir damit sagen? Er hatte es mir überlassen, die Schlussfolgerung selber zu ziehen. Wenn ihm kein Ableben in Erinnerung geblieben war, konnte das bedeuten, dass man heute unauffällig stirbt, dass ein Sterben dem anderen gleicht. Die Einmaligkeit eines jeden Menschen, die sich in seinen Gesichtszügen ausdrückt, in seinem Wesen, seinem Charakter, in seinen Reaktionen, sie erlischt. Keine besondere persönliche Note bleibt zurück. Und ich musste mich an die Worte einer Krankenschwester aus dem Ruhrgebiet erinnern, die nach einer Dichterlesung auf mich zugekommen war und mir erzählte, sie habe lange Jahre in Afrika gewirkt und arbeite jetzt in einem Krankenhaus. Vor allem mit Sterbenden habe sie zu tun. Aber die Art und Weise, wie man in Europa auf den Tod reagiere, würde sie immer wieder erschüttern. Da bleibe nicht viel übrig von der in der westlichen Politik so oft zitierten Würde eines jeden Menschen. Durch die Unterhaltungsindustrie hat der Mensch den Tod virtuell dauernd vor Augen, aber wenn er ihm konkret begegnet, weiß er mit ihm nicht umzugehen. Der Sinn für das Erhabene des Sterbens ist ihm verloren gegangen.

Etwas ganz anderes hat eine Familie in meiner Nachbarschaft erlebt. Eines Tages war ihr Hund verschwunden, kein besonders schönes Tier, aber ein sehr anhängliches. Man suchte ihn überall, sogar per Zeitungsanzeige. Nach Tagen fand ein Spaziergänger das tote Tier im benachbarten Wald. Der Hund hatte sich zum Sterben in die Einsamkeit zurückgezogen. Ähnliches wird zuweilen von Elefanten in Afrika berichtet. Haben manche Tiere ein Gespür dafür, dass der Tod etwas Intimes ist, dass seine Würde respektiert werden muss? Warum der Rückzug in die Einsamkeit, weg vom Kollektiv, von der Gruppe, die auch Schutz bietet?

Eine junge Ärztin berichtete mir, sie habe die letzten Stunden eines Kranken in Erinnerung, der nicht sterben konnte. Er war von vielen, sehr aufdringlichen Verwandten umgeben. Erst als sie diese bat, das Zimmer zu verlassen, konnte der Kranke sanft entschlafen. Das zeigt den Verfall der Sterbekultur insgesamt.

Und ein im Sterben liegender prominenter Geistlicher beklagte sich einmal mir gegenüber, dass er die schlimmste Erniedrigung darin sehe, in den letzten Stunden vollkommen der Macht seiner nächsten Verwandten ausgeliefert zu sein, die das auch gründlich auszunutzen wussten.

Der süsseste Tod

Vier Monate vor dem Erlebnis mit einem Sterbenden an meiner Seite hatte ich zufällig in der amerikanischen Internetzeitung *Spirit daily* etwas über die letzten Stunden des unter katholischen Gläubigen sehr bekannten italienischen Priesters Pater Pio (1887–1968) gelesen, ein Bericht, der sich mir – wie jene Radiosendung vor dreißig Jahren – interessanterweise sehr eingeprägt hatte. Warum? Ahnte ich damals, wie es eigentlich um mich stand, dass auch mein Leben bald zu Ende gehen sollte? Der Pater starb am 23. September 1968 im Alter von 81 Jahren. 50 Jahre war er stigmatisiert, das heißt, er trug an sich die blutenden Wundmale Jesu. Am 22. September, ein Tag zuvor, hatten sich zum 50. Jahrestag seiner Stigmatisierung Massen von Verehrern in San Giovanni Rotondo in Süditalien eingefunden, auch Vertreter großer Fernsehsender. Er hatte vielen Menschen geholfen, und vor allem manche von schweren Leiden geheilt. Es wird berichtet, er habe dem jungen Priester Karol Wojtyla 1947 vorausgesagt, dass dieser einmal auf dem Stuhl Petri sitzen und dass man einen Anschlag auf ihn verüben werde. Ob das wörtlich zu nehmen ist oder nur eine symbolische Aussage dahinter steckt, weiß ich nicht.

Am Morgen vor seinem Tod hielt Pater Pio noch eine Messe und spendete zwei Mädchen und einem Jungen die Erstkommunion. Um 18.00 Uhr erschien er noch einmal auf dem Balkon, um die Pilger zu grüßen. Die Menschen hielten Kerzen oder Fackeln in den Händen. Dann schloss sich das Fenster seiner Zelle – zum letzten Mal. Um 21.00 Uhr schaute sein Mitbruder Pellegrino wie allabendlich nach dem Pater. Er lag bereits im Bett, fragte nach der Zeit, seine Augen waren rot vom Weinen. Es wurden ihm die Tränen aus dem Gesicht gewischt. Um Mitternacht bat Pater Pio ihn, bei ihm zu bleiben, und hielt wie ein kleines Kind seine Hand. Immer wieder fragte er nach der Zeit, als ob er ungeduldig auf jemanden wartete, mit dem er verabredet war.

Nachdem er noch einmal die Beichte abgelegt hatte, sagte Pio: „Mein lieber Sohn, wenn der Herr mich heute abberufen sollte, bitte alle Mitbrüder um Verzeihung für das Ärgernis, das ich ihnen gewesen bin, und bitte sie und alle meine geistlichen Kinder, für mich zu beten." Ein paar Augenblicke später bat er, ihm aus dem Bett zu helfen. Er setzte sich einen Moment auf den Stuhl. Dann sagte er, er wolle von der Veranda den klaren Sternenhimmel sehen, stand auf und ging vor dem staunenden Mitbruder ohne Hilfe und gerade auf die Veranda, wie seit Jahren nicht. Minutenlang schaute er zu den Sternen, als wenn er von dort jemanden erwarte.

Einige Minuten später wurde er blass und wollte zurück in seine Zelle. In einem Sessel sitzend, flüsterte er immer wieder die Worte: „Jesus, Maria!" Jetzt wurde der Mitbruder unruhig, stürzte aus dem Zimmer und alarmierte die anderen Patres, dann den Arzt Dr. Sala. Innerhalb von zehn Minuten war dieser am Bett, kurz danach kam ein zweiter hinzu, Dr. Gusso. Man gab dem Sterbenden eine das Herz stärkende Injektion, aber Pater Pio schien nichts mehr wahrzunehmen. Um 2.30 Uhr lehnte er plötzlich den Kopf gegen den Arm eines der Ärzte und hauchte sein Leben aus. Dr. Gusso sagte: „Das war der süßeste und friedlichste Tod, den ich je miterlebt habe."

Schon am frühen Morgen versammelte sich eine große weinende Menschenmenge vor dem Kloster. Warum wollte er mit den Namen „Jesus, Maria" auf den Lippen sterben? Wahrscheinlich, weil im Sinne seines Glaubens sich in Jesus das volle Menschsein verwirklicht hat und weil Maria der Mensch nach den Träumen Gottes war. Sie bleiben Leitbilder für menschliche Würde bis zum letzten Augenblick.

Was sagt uns dieses Sterben? Wer einmalig lebt, stirbt auch einmalig. Aber einmalig ist in gewisser Hinsicht jedes menschliche Leben. Das will der moderne Mensch trotz hochtrabender politischer Programme und raffinierter soziologischer Parolen nicht wahrhaben, er strebt im Alltag eher der Einförmigkeit zu. Zu einem Symbol für die alles einebnende Tendenz ist unter anderem die Jeanshose geworden. Dem Massenmedienmenschen ist die Einmaligkeit eines jeden Lebens fremd geworden.

In dieser Zeit, als ich das Ende auf mich zukommen sah, starb Papst Johannes Paul II. Auch seinen Tod erlebten Hunderttausende auf dem Petersplatz mit, und über das Fernsehen Hunderte von Millionen. Er kannte mich seit meinen frühesten Jahren und er war einer der wenigen, der mich und meine literarische Arbeit in den letzten zwanzig Jahren voll verstanden hatte. Seine letzten Worte, die er auf einem Zettel für die ihn pflegenden Schwestern schrieb, waren: „Weint nicht, ich bin glücklich, seid ihr es auch."

Beiden großen Persönlichkeiten waren im Sterben unzählige Menschen nah, die sie nicht nur liebten, sondern die, obwohl sie weinten, glaubten und beteten. Ich lag in meinem Bett, betreut von liebenswerten, geduldigen Schwestern, von verständnisvollen Ärzten, die mein vollstes Vertrauen hatten. Aber von Glauben war in meiner Umgebung nichts oder fast gar nichts zu spüren – vorerst jedenfalls. Nicht einmal meine Frau oder meine Töchter wagten, wenn sie mich besuchten, mit mir zu beten, um keinen Anstoß zu erregen, Mitpatienten nicht zu stören oder zu reizen.

Als die Besucherin eines Nachbarn auf meinem Bett zufällig einen Rosenkranz entdeckte, begann sie ihrer Begleiterin in langen und ausführlichen Worten von merkwürdigen Erfahrungen zu erzählen, die sie mit Ordensschwestern gemacht hätte. Diese Anspielung galt mir. Das Gebet hatte offenbar unangenehme Gedankenverbindungen geweckt.

Das ewige Du

Unendliche Einsamkeit umgab mich, der Nebel und das Fade einer Welt, die nur das Hier und Heute kennt, ganz auf die Bedürfnisse der Sinne fixiert, auf permanente Täuschung und Illusion. In diesen Stunden des Verlorenseins wurde mir jedoch eine Erfahrung zuteil, die vieles wieder aufwog.

Die Nacht war hereingebrochen. Durch das Fenster sah man ein paar Sterne funkeln. Ich versuchte mich aufzurichten, das Kopfkissen etwas anzuheben. Dabei verlor ich das Bewusstsein. „Es ist so weit“ war der letzte Gedanke, der mir durch den Kopf ging. Tiefste Dunkelheit umgab mich. Aber dann, von allem Irdischen gelöst, glitt mein Selbst ab in sanftes Licht. Es war mehr als Licht, es war wie ein warmer leuchtender Windhauch, die Anwesenheit eines Wesens, das tiefste Seligkeit vermittelte, der eigentliche Atem unserer Existenz. Mit den geistigen Augen sah ich es, mit meinem ganzen Sein nahm ich es in mir auf. Es überstieg alle frühere Wahrnehmung. Alles in uns ist, so sagte mir die Intuition, auf diesen Urgrund, den wir Gott nennen, ausgerichtet, von Ihm erfüllt. Ich kann nicht wahrhaft Ich sein, wenn ich nicht ganz auf dieses ewige Du eingestimmt bin. Und ich kann auch mich selbst nicht wahrhaft lieben, wenn ich mich diesem Du nicht ganz öffne.

Es war keine verschwommene Glückseligkeit, kein Sichauflösen in einer unendlichen Weltseele, kein Nirvana, in das man eintaucht, in dem alle Vorstellungen und Wünsche überwunden und gestillt sind, sondern Geborgenheit in einem Du, das die Fülle des Lebens zu schenken vermag, ein reines, ungetrübtes Glück, ein strahlendes Gegenüber von unsagbarer Schönheit, ganz Person, die alles versteht. Man fühlte sich im innersten Kern bei seinem Namen gerufen, ein Ruf von so großer Zärtlichkeit, in der jede Umarmung eines geliebten Menschen sich nur wie eine blasse Andeutung dessen ausnahm, in das man plötzlich hineingezogen wurde. Ein hauchdünner Vorhang war es, der mich noch von diesem Du trennte, und alles in mir sehnte sich danach, diese zarte Wand zu beseitigen. Das ganze eigene Ich, jede Faser, jede Regung, jeder Hauch, jeder Herzschlag, jeder Pulsschlag wurden zu einer brennenden Liebeserklärung. Das ganze eigene Wesen sagte nur: „Ich liebe Dich, ich liebe Dich, ich kann Dich nur lieben mit meinem ganzen Sein." Und nichts anderes mehr wollte es sagen – für immer und allezeit.

Vergessen war alles Leid, aller Schmerz, ausgelöscht das eigene Versagen, die Schuld, die man auf sich geladen hatte. Das alles war nicht mehr, war zu Asche verbrannt in dem Atem der Liebe, der von dem faszinierenden Du ausging, ein Atem, den man erwidern wollte. Das war endlich die wahre, die letzte, die eigentliche Wirklichkeit, der ich mich gegenüber sah, jene Wirklichkeit, die kein Schein mehr verhüllen kann, kein Schein mehr, der andere Wirklichkeiten vortäuscht, sondern das reine Sein, die reine Wirklichkeit.

Und in dem Du, das reinste Liebe war, erkannte ich alle, die ich je geliebt hatte, in der Schönheit ihrer Einmaligkeit. Sie waren miteinbezogen in die innige Liebeserklärung, die dem Du, der Ewigen Liebe galt. Das ist der Himmel, sang es in meiner Seele, der mit jeder Zelle meines Seins ersehnte Himmel, die wahre Sonne unseres Universums, unseres und aller, die es jenseits dieses Alls noch gibt, das eigentliche unsichtbare Blut, das in unseren Adern fließt und uns am Leben erhält, für das das sichtbare, jetzt bei mir so schwer beschädigte Blut nur ein schwacher Abglanz ist. Ein Gefühl tiefer Dankbarkeit bemächtigte sich meiner für diese Krankheit. Sie wurde für mich zum Zeichen, zum Geschenk, zur Aufforderung, alles abzustreifen, was die Beziehung zu diesem Du, das von Ewigkeit her ausströmende Liebe war, noch trübte. Gnade war sie für mich geworden. Hatte sie mich am Ende heimgesucht, damit ich dies erkannte?

Plötzlich wurde ich aus dieser Begegnung herausgerissen. Ein bohrender Schmerz durchzuckte meine Glieder. Es war wie der Absturz in eine tiefe Schlucht. Die

Nachtschwester hatte, nichts ahnend, die Tür geöffnet, um nach dem Rechten zu schauen. Ich war wieder eingeschlossen in Raum und Zeit, gefangen in einem Körper, der aus Blei zu sein schien, zurück in einer Welt, in der die erlebte Dimension nicht gefragt war, für die sie nur ein verständnisloses Lächeln hatte. Was ich erfahren durfte, würde in seiner eigentlichen Qualität nicht mitteilbar sein. Worte und Begriffe mussten versagen. Was geblieben war, war unstillbare Sehnsucht nach dem Erlebten. Jeder Tag, der mich fortan von dem beglückenden Gegenüber trennte, würde, das ahnte ich, zur Qual werden. Es sollte sich als radikale Wende herausstellen, das ganze Wahrnehmungssystem sich vollkommen verändern und ein anderes werden. Das Leben sollte tatsächlich nie mehr sein, wie es vorher war, mit einer neuen Gewissheit, dass unsere Leiden von heute Teil unserer Seligkeit von morgen sind.

Mehr als ein Jahr später machte mich meine Frau auf einen Bericht des Berliner Dozenten für Sterbeforschung, Bernard Jakoby, aufmerksam. In seinem Buch *Die Brücke zum Licht* erwähnt er Teresa von Avila, eine der größten Mystikerinnen der katholischen Kirche. Was sie von ihren ekstatischen Zuständen beschreibt, sei identisch mit einer Nahtoderfahrung: „Es schien mir, ich sei in den Himmel entrückt; und die ersten Personen, die ich da erblickte, waren mein Vater und meine Mutter." Teresa vergleicht ihre Erfahrungen mit dem Tod. Sie spricht häufig von dem Moment, „... da sich die Seele in einem Augenblick aus ihrem Gefängnis befreit und in Ruhe versetzt sieht ... und die Offenbarung so erhabener Dinge, die die Seele bei solchen Verzückungen schaut, scheint mir eine große Ähnlichkeit mit dem Scheiden der Seele aus dem Leib zu haben ... Die Seele nimmt wahr, dass sie mit Gott vereint ist; und davon bleibt ihr eine solche Gewissheit, dass sie von diesem Glauben durchaus nicht lassen kann ..."

Von mir aus konnte ich hinzufügen: „Diese Sicherheit birgt in sich das große Verlangen, das Erlebte, wenn auch unbeholfen und schwach, an viele Menschen weiterzugeben."

Lichtblicke

Trotz manch eher bedrückender Erfahrungen gab es in der Klinik auch Lichtblicke. Als Vorbereitung auf die Chemotherapie musste mir ein Port implantiert werden: Eine kleine Kammer wird unter der Haut eingesetzt, um über einen dünnen Schlauch Anschluss an die großen herznahen Venen zu bekommen. Das ist vor allem für die Krebstherapie wichtig. Ohne Port müssen die hochwirksamen Medikamente über Infusionsnadeln zugeführt werden. Das kann Entzündungen auslösen, außerdem ist die Fließgeschwindigkeit gering.

Dr. A. Hellinger, Privatdozent und Chefchirurg, betrat das Zimmer und informierte mich persönlich über das Vorgehen. Das ganze kann unter lokaler Betäubung durchgeführt werden. So konnte ich mich am nächsten Tag auf dem Operationstisch mit ihm ein wenig unterhalten. Es ging um meine Bücher. Zwischendurch stellte ich ihm die Frage, was seiner Meinung nach die Voraussetzung für einen erfolgreichen Mediziner sei. Die Antwort verblüffte mich: „Es ist die Demut", sagte er. Und das bestätigte sich etwas später an ihm selber. Nach ein paar Tagen stellten sich Blutergüsse ein, sodass die kleine Kammer nicht gleich benutzt werden konnte. Als ich ihn nach den Gründen fragte, meinte er lächelnd: „Vielleicht lag es am Chirurgen." Das war Demut – und die Erklärung für sein hohes Ansehen. Von einem anderen Arzt erfuhr ich, dass es nicht am Chirurgen gelegen hat, sondern an der katastrophalen Gerinnung des Blutes.

Etwas Entgegengesetztes widerfuhr mir bei einer Herzuntersuchung in der Radiologie. Auch dort kam es am Computer zu einem spontanen Gespräch. Der untersuchende Arzt wies auf altersbedingte Veränderungen am Herzen hin. „Es hat ohnehin bald ausgedient", meinte ich leise. „Wieso denn das?", fragte der Arzt. „Sie können es nachlesen – Plasmozytom maligne. Ich habe die Aussicht, bald den Tag X zu erleben – und freue mich darauf." – „Warum?", wollte er wissen. „Weil ich dann endlich jenem gegenüber stehen darf, der mich ins Leben gerufen hat." Die Antwort war lautes Gelächter. Ich erschrak. Dann stand er auf und entfernte sich, ohne sich zu verabschieden. Ich fror, als habe mich der Hauch der Unterwelt angeweht. Als ich den Raum verließ, kam eine Assistentin hinterher und meinte wie entschuldigend: „Wir alle empfinden doch Unbehagen, wenn wir an das Ende denken." Ich habe nie erfahren, was das eigentliche Motiv für diese Reaktion bei dem betreffenden Arzt war. Er tat mir sehr Leid. Ich hoffte, dass es Betroffenheit war, und empfand Schuldgefühle, ihn in diese Lage gebracht zu haben.

Wie ein Ausgleich wirkte der Besuch eines leitenden Krankenpflegers, ein junger Mann. Er trat an mein Bett, stellte sich mit Siegfried Münster vor und fragte, ob er ein paar Worte mit mir wechseln dürfte. Es ging etwas

Sanftes, Beruhigendes von ihm aus. Er strahlte innere Kultur und Sensibilität aus. Was mochte es wohl sein, dachte ich. Dann erzählte er von Medjugorje, von jener Stätte in der Herzegowina nahe der dalmatinischen Küste, wo sechs schlichte, junge Menschen unter einem brutalen kommunistischen Regime allen Drohungen und Schikanen zum Trotz 1981 gegenüber der Öffentlichkeit behaupteten: „Wir haben vom Himmel her, von der Madonna, eine Botschaft des Friedens erhalten – für alle Menschen."

Er habe den Ort besucht und es habe ihn verändert, präge fortan sein Leben und das seiner Familie, mache es ihm leicht, auf Kranke zuzugehen und mit ihnen zu fühlen. Darauf gebracht habe ihn eines meiner Bücher. Dadurch konnte er Zugang zum Geist dieser ungewöhnlichen Vorgänge bekommen, in der der Mensch wieder zu sich selbst findet, frei von aller Fremdbestimmung durch den Zeitgeist. Er wolle sich dafür bedanken. Tränen kamen mir in die Augen. Konnte es Schöneres geben, als in der Abenddämmerung seines Lebens zu erfahren, dass man jungen Menschen geholfen hat, Menschen in den besten Jahren, die tiefste Berufung ihres Lebens zu entdecken, die sie in die Lage versetzte, Frieden mit sich selbst zu schließen – und Frieden zu vermitteln.

Die eigentlichen Individualisten scheinen heute jene gläubigen Menschen zu sein, die sich dem vorgegebenen Trend zur Uniformität, den vorgezeichneten Lebensstilen, den angeblich letzten Worten der Wissenschaft widersetzen und bereit sind, über Vergängliches und Ewiges nachzudenken und für ihr persönliches Leben Schlüsse daraus zu ziehen, die sie noch auf dem Krankenbett oder auf dem Sterbelager halten. Das Ich ist kein beziehungsloses Geschöpf, keine Täuschung des Gehirns, kein verirrter Stern oder ein Staubkorn im All, sondern auf das „Du" bezogen und in diesem ewigen „Du" auf andere. Wie jenem Krankenpfleger wird das offensichtlich vielen Menschen bei einem längeren Aufenthalt „Zwischen den Bergen", in Medjugorje, bewusst.

Kapitel III

Traumwelten

Anruf aus Mailand

Um die zwei Wochen waren vergangen. Da eröffnete mir Prof. H. G. Höffkes, dass die weitere Behandlung, also die Chemotherapie, ambulant durchgeführt werden könne, unter bestimmten Auflagen natürlich. Ich sollte in Reichweite des Klinikums bleiben, also keine größeren Reisen unternehmen, meine Frau bekam eine Liste, auf der die Speisen aufgeführt wurden, die gemieden werden sollten, und eine Aufzählung der erlaubten Nahrungsmittel in die Hand gedrückt. Bei Fieber über 38 Grad musste sofort die Klinik aufgesucht und der Professor benachrichtigt werden. Kontakte mit Kindern unter 14 Jahren waren zu meiden. Ich durfte also meine am 2. Januar 2005 geborene Enkelin Miriam nicht sehen. Das war bitter, hatte ich mich doch sehr auf ihre Geburt gefreut. Daheim erlebte ich, wie meine Frau unentwegt ans Telefon musste, um besorgte Menschen, die aus ganz Deutschland und darüber hinaus anriefen, zufrieden zu stellen. Mit großer Geduld gab sie Rede und Antwort. Vor allem die seelische Verfassung interessierte die Anrufer. Es waren meist Menschen aus meiner Lesergemeinde.

Auch besorgte Briefe trafen ein. Ein Geistlicher aus dem Ruhrgebiet, Cornelius van Bemmelen, gebürtiger Holländer, schrieb, er habe von meinem Leiden erfahren und sei sehr betroffen, doch auch wieder getröstet von der Art und Weise, wie ich es angenommen hätte. Er verstarb noch im selben Jahr.

Der frühere Oberbürgermeister der Stadt, Dr. Wolfgang Hamberger, ein humanistisch orientierter Politiker von geistiger Weite, knüpfte an meine Freude auf die baldige Begegnung mit Gott an und zitierte den Brief eines befreundeten Priesters, in dem dieser gemeint hatte, er freue sich auf den Himmel, aber er bete: Lieber Gott, nicht so bald! Das traf meine Einstellung nicht. Ich dachte und fühlte anders.

Bei einem Anruf allerdings konnte meine Frau nicht umhin, mich an den Apparat zu holen. Es war Marija Stelzer-Dugandzic aus Wien, die, obwohl sie selbst noch blutjung war, mich 1987 in Medjugorje in die dortigen Vorgänge eingeführt hatte. Sie war uns zugewiesen worden, weil sie gut deutsch sprach und dieses Deutsch durch die vielen Pilger bereits beachtlich verbessern konnte. Schon damals staunte ich über die tiefe Spiritualität, die sie durch den engen Kontakt mit den Sehern entwickelt hatte. Nach Studien in Rom und Wien hatte sie einen Arzt kennengelernt und geheiratet. Inzwischen war sie Mutter von drei Kindern. Marija Dugandzic, heute Stelzer-Dugandzic, zeigte sich sehr besorgt. Viel sagen konnte sie nicht, weil ihr immer wieder die Stimme versagte. Erst jetzt erkannte ich – nach 18 Jahren – wieviel nicht nur sie uns, sondern auch wir ihr durch unsere Besuche in Medjugorje gegeben hatten. „Sei nicht traurig, Marija“, sagte ich. „Ich gehe auf jene Wirklichkeit zu, der Du schon als junges Mädchen in tiefem Glauben verbunden warst, einem Glauben, mit dem Du uns damals sehr beeindruckt hast.“ – „Alfons“, flüsterte sie mit brechender Stimme, „wir, vor allem meine Kinder, werden für Dich beten.“ Dann legte sie auf.

Es dauerte nicht lange, da rief mich meine Frau abermals an den Apparat. Am anderen Ende der Leitung war diesmal Marija Pavlovic aus Mailand, jene Seherin aus Medjugorje, die bis heute jeden Monat eine Botschaft erhält. Diese geht Minuten später in vielen Sprachen um die Welt. Sie hat vier Kinder und lebt in Italien. Mehrere Jahre hatte ich sie in Medjugorje über ihre Erlebnisse und Erscheinungen befragt. Von großen medizinischen Fakultäten wie Montpellier und Mailand, von Theologen aller Kaliber war sie unbarmherzig getestet und geprüft worden. Größen aus aller Welt hatten ihr die unbarmherzigsten Fragen gestellt. Sie hätte solcher Befragungen längst überdrüssig sein müssen. Dennoch zeigte sie mir gegenüber große Geduld und stand immer zur Verfügung, wenn ich für meine Buchmanuskripte neue Informationen brauchte, obwohl sie nicht wissen konnte, von welcher Qualität diese Veröffentlichungen sein würden.

Kaum fassen konnte ich, dass sie es war. Verstört bekam ich weder ein kroatisches noch ein italienisches Wort heraus und bat sie, ob wir englisch miteinander sprechen könnten. „Natürlich", sagte sie. „Marija, ich bin sehr bewegt, dass Du mich anrufst, aber warum diese Mühe?" – „Von Marija Dugandzic habe ich erfahren, wie es um Sie steht, und ich bin sehr betroffen", erklärte sie. „Warum denn", antwortete ich. „Ich habe doch das Glück, bald der Madonna zu begegnen, die Du in Deinen Visionen schauen darfst. Ist das nicht ein Grund zu großer Freude?" – „Ich kann Sie verstehen, und ich bin glücklich über Ihre Einstellung. Aber auf jeden Fall werde ich für Sie beten." Für mich beten, das konnte bei ihr nur heißen, sie würde mich der Madonna bei der nächsten Erscheinung besonders empfehlen – ging es mir durch den Kopf. „Ich danke Dir, Marija – und ich freue mich auf unser Wiedersehen im Himmel." – „Auf Wiedersehen", sagte sie. „Und Gott behüte Sie."

Und schließlich ein dritter Anruf aus der Herzegowina: „Hier Pater Ivan Landeka." Es war der ehemalige Pfarrer von Medjugorje, der die Gemeinde in einem schwierigen Jahrzehnt, während des Bürgerkrieges in den 90er Jahren, betreut hatte. Er hatte immer großen Anteil am Leben unserer Familie genommen und verfolgte aufmerksam den Werdegang meiner indischen Töchter. Das letzte Mal waren wir uns im Jahre 2000 begegnet, als ich an einer internationalen Tagung an der dalmatinischen Küste teilgenommen und dort an einer schweren Nahrungsmittelvergiftung erkrankt war. Sie hätte mich beinahe das Augenlicht gekostet. Ein Arzt in Medjugorje rettete es in letzter Minute. „Alfons, was höre ich von Dir!" Er zeigte sich geradezu bestürzt, aber ich beruhigte ihn. Nichts Besseres hätte mir passieren können. „Pater Ivan, vor fünf Jahren bin ich noch einmal davongekommen, aber jetzt scheint es so weit zu sein. Ich habe in meinen Büchern viel über die Ewigkeit geschrieben, jetzt besteht die Aussicht, bald dort zu sein." Er wusste darauf nichts zu antworten, aber dann sagte er etwas für mich sehr Wesentliches: „Ich werde auf den Erscheinungsberg gehen, dort, wo 1981 alles begonnen hat, und den Rosenkranz für Dich beten." Nichts Tröstlicheres hätte er mir sagen können.

Und schließlich sprach ich auch mit Erika Bachg aus Heroldsbach, die 1949 als erste von mehreren Kindern über einem Wäldchen die Madonna gesehen hatte und dafür unendlich bitter bezahlen musste. Sie ist heute eine tiefe, reife und vornehme Persönlichkeit, die nichts von dem zurücknehmen muss, was sie vor fast 50 Jahren erlebt hatte. Sie zeigte sich – wie meine Freunde aus Medjugorje – betroffen, wie weit ich dieser Welt innerlich bereits den Rücken gekehrt und beglückt der ewigen zugewandt war. Aber sie konnte es verstehen, denn als Kind hatte sie diese Ewigkeit in gewaltigen Visionen geschaut.

Chemotherapie

Schon bald musste ich das Klinikum zur Durchführung der Chemotherapie aufsuchen. Im Internet hatte ich mich auf der Basis der Berichte für den Hausarzt kundig gemacht. Malignes NHL der B-Zell-Reihe – so die fachärztliche Bezeichnung. Ich las von Studien und Tests im In- und Ausland mit der R-CHOP-21-Therapie, von Überlebenschancen bei jüngeren und bei älteren Jahrgängen. So bekam ich bestätigt, wie es um mich stand. Aber es berührte mich nicht sonderlich, ich hatte geistig abgehoben von der Erde und ihren Träumereien, von ihren Täuschungen und Selbsttäuschungen und war auf dem Höhenflug in die Unvergänglichkeit.

Die Therapie wurde in einem etwas größeren Raum durchgeführt, an den Wänden entlang standen etwa fünfzehn bis zwanzig bequeme Liegestühle. Patienten aller Jahrgänge von nah und fern nahmen in ihnen Platz, vorwiegend mittlere, dann ältere, aber überraschend für mich auch jüngere waren vertreten. Auf den ersten Blick ein Bild menschlicher Tragik, letzter Hoffnungen, aber auch unterdrückter Verzweiflungen.

Die Infusionen können mehrere Stunden in Anspruch nehmen. Es ergab sich von selbst, jeden aufmerksam zu beobachten. Die Stimmungen bei den Patienten waren verschieden, je nach Charakter, Weltanschauung und persönlicher Krankheitssituation. Manche schauten schwermütig vor sich hin, andere zeigten sich sehr redselig und unterhielten pausenlos ihre Nachbarn, wie um sich und ihre Gesprächspartner über die tatsächliche Lage hinwegzutäuschen. Einige lasen in der Boulevardzeitung, ganz selten hatte jemand ein Buch mit. Offensichtlich war ich der einzige, der meditierte und betete.

Wo es möglich war, sprach ich die neben mir liegenden Tumorkranken an. Und oft rollte dann ein ganzes, dramatisches Leben vor mir ab. Ein Schwerkranker erzählte verbittert, dass eine seiner Töchter mit 24 Jahren an Drogen gestorben war, der zweiten, Mutter von drei Kindern, sei der Mann mit einer Jüngeren weggelaufen, und seine 18jährige Enkelin sei ermordet worden. Seine Frau war mit 46 Jahren aus dem Leben geschieden, und die ihr folgende Lebenspartnerin habe sich nach 11 Jahren verabschiedet. Und jetzt „diese" Krankheit, schloss er. War das verwunderlich, dachte ich, bei so vielen Schicksalsschlägen.

Ein anderer meinte, das Miteinander unter den Menschen sei kaputt, in Familie und Gesellschaft. Er habe einst in seinem Garten eine Tür zum Nachbarn installiert, damit die Kinder hin und her wechseln konnten. Heute schottet man sich voneinander ab – durch hohe Zäune, dichte Hecken oder durch Schweigen. Im Allgäu hätte er sich eine Madonnenstatue gekauft und versprochen, ihr eine Kapelle zu bauen, wenn er gesund werden sollte. Ein Hauch von Glauben wehte mir entgegen, oder war es etwas anderes?

Ein ehemaliger Krankenpfleger, jetzt selber Patient, wollte die Chemotherapie abbrechen. Er hatte kaum noch Appetit und wirkte sehr niedergeschlagen. Es war in jenen Tagen, als die katholische Kirche und die Welt gerade um den verstorbenen großen Papst Johannes Paul II. trauerte. Ich hatte leise gehofft, mit ihm in die Ewigkeit einzugehen, und sagte dies unbefangen meinem Nachbarn. Dieser schaute mich entsetzt an. Dann platzte es aus ihm heraus: „Welch eine makabre Vorstellung!" Tatsächlich hatte ich dem Papst einmal geschrieben, dass ich mich auf ein Wiedersehen mit ihm in der anderen Welt freue. Aus seiner Antwort ging hervor, dass ihn das sehr bewegt haben musste.

Anders die Reaktion einer Krankenpflegerin. Sie meinte: „Sie hatten eigentlich schon immer eine gewissen Distanz zum Zeitgeist." Das überraschte mich. Sie konnte dies nur Pressekommentaren und meinen Büchern entnommen haben. Ein Mann in den besten Jahren meinte tiefsinnig: „Tod und Leben gehören zusammen, wir aber haben es verdrängt. Mir hat die Familie, meine Frau und meine drei erwachsenen Kinder, viel Halt gegeben. Ich muss an die vielen Singles denken, die es heute in unserer Gesellschaft gibt, in manchen Städten bilden sie fast die Hälfte. Was machen diese in einer solch verzweifelten Situation? Millionen einsamer Tragödien bahnen sich da an. Als wir unser drittes Kind bekamen, nannte man uns asozial. Und gelegentlich fragte jemand: ‚Es ist wohl ein Junge?' Die Leute vermuteten, die beiden vorausgegangenen Kinder seien Mädchen, deshalb das dritte, in der Hoffnung auf einen Jungen. Aber es war nicht so, das erste Kind war ein Junge. Heute bin ich glücklich, dass ich alle drei habe." Eine mutige Haltung gegenüber der Zeitströmung, die den Tod und den Kinderreichtum ausklammert. Nur in einem glaubte ich ihn ergänzen zu müssen. Tod und Leben gehören nicht nur zusammen, Tod ist Geburt in ein ewiges Leben hinein, und darum Grund zur Hoffnung – und zum Glück.

Wie eine Bestätigung seiner Überlegungen über die Einsamkeit des Menschen waren die regelmäßigen Kartengrüße einer Krebskranken, auch Pflegerin von Beruf, die ich nur einmal im Wartezimmer gesehen hatte. Eine sehr sensible, feinsinnige Frau, die sich einer Chemotherapie und danach einer Strahlentherapie unterziehen musste. Die Karten zeigten stets eine weite, leere, einsame Landschaft und sie waren immer sehr ausdrucksstark. Kein lebendes Wesen war auf ihnen zu sehen. Ist das die Seelenlage des heutigen Menschen, wenn er gesagt bekommt, der Krebs habe jetzt auch ihn heimgesucht? Sind wir nur verlorene Wesen in einer verlorenen Landschaft? Verloren im All?

Einen schon fast philosophischen Beitrag leistete zu dem geschilderten Dialog eine medizinisch-technische Assistentin, als sie sagte: „Was ist unser Leben im Vergleich zur Ewigkeit, im Vergleich zum Alter des Universums. Wir sind nur ein Staubkorn, und doch – sie stockte einen Augenblick – und doch sind wir sehr wichtig, ein jeder von uns." Eine andere verriet mir, als sie mich zur Infusion vorbereitete, sie habe sich entschlossen, sich zusätzlich in der Sterbehilfe ausbilden zu lassen. Gerade wollte ich sie nach dem Warum fragen, da gab sie auch schon die Antwort: „Ihre Haltung gegenüber dem Tod ist sehr selten." Sie konnte nicht ahnen, wie groß die Freude war, die sie mir damit bereitete. Eine ältere Patientin flüsterte mir zu, als sie ein zweites Mal neben mir lag, sie habe nur noch einen Wunsch, sie möchte gern nach Medjugorje pilgern. Ihr Sohn sei schon dort gewesen, aber sie kenne es noch nicht.

Letzte Wirklichkeit

In jenen Wochen jedenfalls, in denen ich den unmittelbaren Tod vor Augen hatte, stellten sich der Vernunft besonders brennend viele Fragen neu. In allen Details zog das Leben an mir vorüber, die Geschichte der über sieben Jahrzehnte des 20. Jahrhunderts, die ich erlebt hatte. Und eine Frage, die immer wieder auftauchte, war: Wo hat das heutige seelenlose, ausdruckslose Sterben so vieler seine eigentlichen Wurzeln? Der Tod ist jene Wirklichkeit, die sich nicht verdrängen lässt. Es ist die letzte Wirklichkeit, der der moderne Mensch zu entfliehen sucht, weil er sich ihr während seines ganzen Lebens nicht stellen wollte oder sich ihr verweigert hat, vom Kindergarten bis zum letzten Krankenlager. In Illusionen, Werbespots und Kaufhauskatalogen sucht er nach Antworten.

Dabei gibt es inzwischen ein paar beachtliche Buchtitel über Erfahrungen von Menschen, die bereits klinisch tot waren und einige Zeit mit vollem Bewusstsein außerhalb ihres Körpers existierten und ihre Umwelt beobachten konnten. Sie alle versichern, dass man sich vor dem Tod nicht zu fürchten brauche, dass sie einen Vorgeschmack ewiger Seligkeit erlebt hätten und nur ungern in dieses Dasein zurückgekehrt seien. Ich hatte mehr geschaut als das.

Unser Leben erweist sich bei näherem Betrachten als ein ständiges Absterben, gegen das wir uns mit Händen und Füßen wehren. Wir wollen einen Prozess nicht wahrhaben, dem wir unterworfen sind. Wenn wir die zurückgelegte Strecke prüfen, trösten wir uns mit der hoffentlich noch vor uns liegenden, obwohl sie im nächsten Moment abbrechen kann. Bei einer Visite winselte eine 80-jährige Patientin gegenüber dem Arzt: „Ein paar Jährchen möchte ich doch noch leben." Schlagfertig antwortete ihr dieser: „Gute Frau, wenn Sie bisher nicht gelernt haben zu leben, dann werden Sie es jetzt auch nicht mehr!" Während ich diese Zeilen schreibe, ruft mich meine mittlere Tochter an und erzählt erschüttert von einem dreijährigen Mädchen in ihrem Bekanntenkreis, bei dem man Krebs entdeckt habe. Er kann also Menschen in der Blüte ihrer Jahre heimsuchen – in unserer Zeit, die sich stolz Postmoderne nennt. „Vielleicht sind Selbsttäuschungen für viele die einzige Möglichkeit, das Leben überhaupt durchzuhalten", meinte eine Pflegerin.

Schon vor Jahrtausenden war der Mensch in der Versuchung, das Sein zum Schein zu erklären, von den Denkern der griechischen Antike bis zu den Philosophen der Neuzeit. Parmenides, der von 540 bis 480 v. Chr. in Elea – im heutigen malerischen Süditalien und damaligen Magna Graecia – lebte, sah in unserer Sinneserfahrung etwas Trügerisches, die Natur war für ihn nur Schein. Die Welt – so seine Lehrmeinung – scheint nur zu existieren, aber sie besitzt keine reale Existenz.

Einige Philosophen der neueren Zeit – manche bezeichnet man als Idealisten – haben über komplizierte Begriffe und Formulierungen versucht, letzten Endes dem Ich eine entscheidende Rolle zuzuweisen, einem Ich, das die Wirklichkeit erst erschaffe. Die äußeren und inneren Wahrnehmungen seien nicht Dinge an sich, sondern nur Erscheinungen. Diese Grundeinstellung ist die Brutstätte vieler Ideologien geworden, die die Grundregeln der Welt und das Leben auf ihr nicht wahrnehmen wollen, wie sie sind, und sich deshalb krampfhaft bemühen, eine Wirklichkeit nach eigenen Vorstellungen zu produzieren.

Der Mensch scheint eine panische Angst vor der Realität an sich zu haben. Den besten Anschauungsunterricht liefert die moderne Werbeindustrie, die sich darin überschlägt, im Menschen Traumwelten zu wecken, paradiesische Scheinwelten. Von Ferienparadiesen ist die Rede, von Gartenparadiesen, von Pferdeparadiesen und von unzähligen anderen. Geweckte Erwartungen und Verheißungen, die sich auf das Liebesleben beziehen, hat die norddeutsche Beate Uhse ebenso zu einer steinreichen Frau gemacht wie viele berühmte Popstars. Aber kein anderer Erlebnisbereich ist mit so viel Enttäuschungen verknüpft. Eigenheime werden von Banken und Bauträgern als ein Himmelreich im Kleinen angepriesen. Im nächsten Umfeld lässt sich jedoch beobachten, wie Ehen und Familien nach Fertigstellung des erträumten eigenen Heimes zerbrechen und das Haus zum Verkauf ansteht, zur Freude der Banken.

Zur Triebfeder des Menschen ist die Täuschung und die Selbsttäuschung geworden. Hinter dem Make-up der Frau steht der Wunsch, gegenüber dem Manne beziehungsweise den Männern mehr zu scheinen als zu sein, und hinter der Prestigemarke beim Auto steckt die gleiche Absicht beim Manne. Nicht die Persönlichkeit, nicht das Charakterbild wirbt, nicht das Sein, sondern der Schein. Imponiergesten, Imponiergehabe verdecken das unterentwickelte Sein.

Erst der nahende Tod reißt dem Menschen auch die teuerste Maske vom Gesicht. In der Mitte des 20. Jahrhunderts hatte ich oft gehört, Katholiken würden schwer sterben, es sei die Angst vor einem strafenden Gott, vor dem so genannten Fegefeuer, der ihnen den Seelenfrieden nehme. Heute sind es Atheisten, die schwer sterben, sagte mir vertraulich ein Arzt. Offen kann er so etwas allerdings nicht bekennen, obwohl wissenschaftliche Untersuchungen in Amerika diese Erfahrungen bestätigen. Das Gottesbild hat sich in den letzten Jahrzehnten verändert. Gott erweist sich immer mehr eher als ein dienender Gott. Eines meiner Bücher trägt daher den Titel: *Botschaft vom dienenden Gott*. Bei der Abfassung wurde ich unter Druck gesetzt, ihn zu verändern.

1976 wollte der amerikanische Psychoanalytiker und Philosoph Erich Fromm (1900 – 1980) mit seinem Buch *Haben oder Sein* die Grundlagen einer neuen Gesellschaft liefern. Aber diese Fragestellung ist überholt. Was im Angesichte neuer Herausforderungen zur Debatte steht, ist die Alternative Schein oder Sein. Haben entpuppt sich immer mehr als Schein, weil es die Probleme des Menschen nicht zu lösen vermag. Das zeigt das „Scheitern auf Raten“ des westlichen Wohlfahrtsstaates. Planen oder regieren an der Wirklichkeit vorbei birgt vor dem Hintergrund immer gefährlicherer Möglichkeiten Gefahren, die heute noch nicht vorstellbar sind. Technische oder gesellschaftliche Katastrophen von gewaltigem Ausmaß würden dann allem Schein ein Ende setzen.

Die letzte große, wahre Wirklichkeit ist das Ewige Du, dem man gegenüber stehen darf, vollkommen angenommen, von Ewigkeit her gewollt, unendlich geliebt. Sobald der Mensch das erkennt und sich an dieser Erkenntnis mit Leib und Seele orientiert, fällt alle Zerrissenheit von ihm ab, ihm wird Harmonie mit dem Ganzen zuteil, das heißt, er taucht ein in das wahre Leben. Es ist das wunderbarste Geschenk, das Sterbende im letzten Augenblick den Zurückbleibenden hinterlassen können.

Hätte sie gewartet …

Meine Frau hatte gerade liebevoll den Kaffeetisch gedeckt. Bevor ich mich setzte, wollte ich schnell noch das Fieber messen. Ungläubig schaute ich auf das Thermometer und wagte es kaum meiner Frau zu zeigen: 38,5 Grad. Das war jene Situation, vor der Prof. H. G. Höffkes mich gewarnt hatte. Meine Frau brachte den Koffer, der immer bereitstand mit allem, was man im Krankenhaus braucht, und fuhr mich in die Notaufnahme der Klinik.

Dort bedurfte es keiner großen Erklärungen. Abermals wurde das Fieber gemessen, dann gab es eine Infusion. Nach drei Stunden wurde ich auf die Station für Inneres von Prof. Dr. T. Bonzel im sechsten Stock gebracht. Alle Zimmer waren überfüllt, ich landete auf dem zugigen Korridor. Es wird wohl das Ende sein, ging es mir durch den Kopf. Erst nach einiger Zeit fand sich dann doch eine Lücke in einem Raum, in den ich hineingeschoben wurde, kaum zur Freude der Mitpatienten, das spürte ich. Die ganze Nacht hindurch gab es weitere Infusionen.

Am nächsten Morgen kam einer der Kranken an mein Bett, ein alter Mann. Er fragte, woher ich komme. Als ich ihm den Ort nannte, kam scheinheilig eine Zusatzfrage, ob ich dort einen gewissen Herrn X. kennen würde. Er nannte meinen Namen. Das sei ich selber, sagte ich ihm, was er natürlich wusste. Dann begann er hässlich über einen Seelsorger zu sprechen, der die Gemeinde gerade verbittert verlassen hatte. Ich kannte ihn, ein edler Mann, der ganz in seinem Beruf aufging. „Wenn ihr so mit euren Geistlichen umgeht, werdet ihr bald keine mehr haben", meinte ich mit schwacher Stimme. „Das macht nichts, dann schauen wir uns die Gottesdienste im Fernsehen an, ist das gleiche", meinte er. Als ich schwieg, zog er sich zurück und bat seinen Nachbarn, ihm den Joghurtbecher zu öffnen, er könne es nicht, das mache daheim seine Frau.

Etwas später wurden wir aufgefordert, zur Gewichtsüberprüfung auf den Gang zu gehen. Als ich auf der Waage stand, meinte ein älterer, hinter mir stehender Mann: „Das ist ja Fliegengewicht." – „Die beste Vorbereitung auf den Weg zum Himmel", antwortete ich lächelnd und war erschrocken über die Reaktion: „Hau ab!", kam es aus ihm heraus. Das Wort „Himmel" war für ihn ein Reizwort. Und eine junge Krankenschwester, die mich auf dem Zimmer aufsuchte, rundete den Vorfall mit der Bemerkung ab: „Warum sind Sie dann eigentlich noch hier? Wenn Sie so denken, hätten Sie doch zu Hause bleiben können." – „Weil ich kein Selbstmörder bin", gab ich ihr zur Antwort. „Nicht ich entscheide darüber, wann und wie mein Leben ausklingen darf, sondern ein anderer, der über Geburt und Tod das letzte Wort hat. Man darf diesen Augenblick mit Freuden erwarten, aber man darf ihn nicht mutwillig erzwingen." Sie schüttelte verständnislos mit dem Kopf und verließ das Zimmer. Kurz darauf wurde ich verlegt.

Dort konnte ich ein wenig schlafen. Im Laufe der nächsten zwei Tage besuchten mich nacheinander drei Ärzte, die von meiner Einlieferung gehört hatten, und baten um ein Autogramm. Sie hatten jeweils eines meiner Bücher dabei. Ich war über so viel Aufmerksamkeit gerührt. Gegen Abend besuchte mich Prof. H.G. Höffkes. Er fühlte sich selber nicht gut, hatte sich eine Erkältung zugezogen und hielt Abstand zu meinem Bett. „Morgen werden Sie wieder ins Tumorzentrum im Erdgeschoss verlegt", verkündete er mir. „Es war gut, dass Ihre Frau so geistesgegenwärtig gehandelt hat und Sie sofort ins Klinikum gebracht hat. Hätte sie gewartet, wären Sie heute nicht mehr am Leben." Das hatte ich geahnt.

Auf die Verlegung freute ich mich. Ich kam sogar in mein altes Zimmer. Auf dem Wege dorthin trafen wir im Erdgeschoss auf Prof. Dr. W. Draf. Auf einen Wink meinerseits stoppten die Schwestern das fahrbare Bett, damit ich ihn begrüßen konnte. Eine Persönlichkeit, die Hochachtung erzwingt. „Es scheint so, als ob ich wirklich Abschied nehmen muss, aber Sie wissen ja, worauf ich mich freue", sagte ich. Er schaute mich einen Augenblick an und antwortete entschieden: „Wir werden alles daran setzen, dass Ihr Traum sich so schnell nicht erfüllt. Patienten, die es eilig haben, von der Erde wegzukommen, müssen oft lange warten."

Wider Erwarten war die Lungenentzündung, die ich mir geholt hatte, bald überwunden. Erfreut teilte es mir der Professor mit. Ich durfte wieder nach Hause. Ich sollte jedoch abgeschottet von allen bleiben, die „Bakterienträger" sein könnten, vor allem von Kindern.

Zu dieser Zeit befand sich Pater Jozo Zovko auf einer Deutschlandtournee und sollte in der Nachbargemeinde predigen. Zovko, heute ein weltberühmter Priester, war Seelsorger von Medjugorje, als 1981 sechs Jugendliche die Welt mit der anfangs erwähnten sensationellen Nachricht überraschten. Er wurde von den kommunistischen Behörden zu dreieinhalb Jahren schweren Gefängnisses verurteilt, weil er die ihnen unwillkommenen Erscheinungen nicht „unterbunden“ hatte. Er war es, der mich einst kategorisch aufgefordert hatte, ein Buch über Medjugorje zu schreiben, obwohl es schon einige beachtliche Publikationen gegeben hatte. Da er ständig mit Menschenmassen in Berührung kam, konnte er mich als „Bakterienträger“ nicht besuchen, obwohl er ganz in meiner Nähe war. Ich sah darin ein Zeichen.

Die mir verbleibende Zeit wurde genutzt, um alles in Ordnung zu bringen, die Familie mit möglichst wenig zu belasten. Steuererklärungen wurden fertig gemacht, Rechnungen bezahlt, letzte Korrespondenz gesichtet, Anweisungen schriftlich niedergeschrieben, was wo zu finden und zu erledigen sein wird, wenn ich nicht mehr da sein sollte.

Der Ortspfarrer kam und spendete die Krankensalbung, brachte die Kommunion. Dann folgte ein langes Gespräch mit ihm und ein paar Anordnungen. Er habe hinterher erst einmal einen langen Waldspaziergang machen müssen, so bekannte er später, um alles zu verarbeiten.

Plötzlich stellte sich wieder Fieber ein. Wie schon einmal brachte mich meine Frau in aller Eile in die Klinik. Und wieder landete ich auf einer anderen Station. Man brachte mich in ein Zweibettzimmer, die ganze Nacht hindurch erhielt ich Infusionen. Kein sehr gesprächiger Nachbar lag neben mir, wie sich herausstellte. Als ich am Vormittag aus Versehen seinen Fernseher abschaltete und mich sogleich entschuldigte, reagierte er ungehalten, ja ungezogen. Der Fernseher ist heute auch am Krankenbett heilig. Eine ewig anwesende Gottheit, die das Handeln und das Denken vorgibt. Doch bald wurde ich ins Tumorzentrum gebracht.

Neben mir lag ein Sterbenskranker. Als ich im Bad ahnungslos kurz von seinem Handtuch Gebrauch gemacht hatte, sagte ich es ihm und bat um Verzeihung. Ich hätte es ihm nicht zu sagen brauchen, es war kaum festzustellen. Seine Frau saß daneben. Aufgeregt sprang er aus dem Bett, holte das Handtuch und legte es ostentativ hinter seinem Kopf über die Bettwand. Bald danach wurde er auf eine andere Station verlegt. Ein paar Stunden später kam er zurück, um mir mitzuteilen, ich müsste ebenfalls aus dem Zimmer „verschwinden". Ich wartete jedoch umsonst, nichts derartiges trat ein. Nach Tagen sahen wir uns im Saal der Chemotherapie wieder. Seine Frau sagte mir hinter vorgehaltener Hand, es ginge mit ihm zu Ende, aber er würde damit nicht fertig, und ob ich ihr hilfreiche Literatur schicken könnte. Was mögen diese Männer daheim ihren Frauen, ihren Familien zumuten?

Tragische Begegnung

Das Dasein des Wohlstandsmenschen ist auf Ansprüche programmiert. Sie werden auf dem Krankenbett, auf dem Sterbelager nicht geringer. Ungestörter Genuß und Haben werden großgeschrieben bis zur letzten Stunde. Man klebt am Eigentum, obwohl niemand etwas mitnimmt. Ein Kranker fuhr eine Pflegerin an: „Na, man los! Sie werden doch dafür bezahlt." Ein anderer kanzelte eine Ärztin ab wie ein kleines Schulmädchen. Sie war eine sanfte Frau. Das spürte der robuste Patient und versuchte, sich an ihr abzureagieren. Nur in diesen Kategorien wird gedacht. Der Mensch im andern, der mir hilft, der mir dient, der sich für mich aufopfert und der doch auch eigene Probleme hat, der wird nicht wahrgenommen. Ganz selten zahlen Schwestern mit gleicher Münze heim, dann sind sie selber seelisch krank. Im allgemeinen muss ihr Langmut bewundert werden.

Überstürzt kam meine jüngste indische Tochter aus England, um mich zu besuchen. 1977 hatte ich sie mit meiner Frau als einjähriges Baby auf dem Flughafen der südindischen Metropole Bangalore in Empfang genommen. Jetzt kam sie aus England, um mich zu verabschieden. Aus Köln traf meine Nichte ein, selber HNO-Ärztin und Psychotherapeutin. Ihre Eltern lebten nicht mehr, ich war Vaterfigur für sie geworden. Niemand sprach von Abschied, aber alle dachten daran. Wir versuchten uns nichts vorzumachen. Und das war das Schöne an diesen Begegnungen. Ich sprach von der Ewigkeit, in der wir uns wiedersehen würden und bat sie, dies nicht aus den Augen zu verlieren. Alles andere seien Sirenengesänge, die in die Irre führten.

Das Pfingstfest stand vor der Tür, mein Lieblingsfest, weil es ein Fest des Geistes und der Liebe ist, ein Fest der Gott-gewordenen Liebe. Ich erwähnte es gegenüber dem Arzt. Es machte ihm Freude, mir mitzuteilen, dass ich nach Hause durfte.

In der Tasche hatte ich eine Einladung zu einer baldigen ambulanten CT-Untersuchung. CT steht für Computertomographie. Es ist ein spezielles Röntgengerät. Die Aufnahmen sind genauer, sogar dreidimensionale Bilder sind möglich. Es handelt sich um eine der wichtigsten Untersuchungen für Krebspatienten.

Als ich mich einfand, begleitet von meiner Frau, erwartete mich eine der tragischsten Begegnungen, die ich im Leben je gehabt hatte. Zwei Stunden vorher bekommt man eine große Flasche mit einem Kontrastmittel überreicht, das man vor der Untersuchung trinken muss. Während ich dabei war, es schluckweise zu mir zu nehmen, kam der ehemalige Chefarzt der Kinderklinik, Prof. Dr. Uwe Töllner, mit seiner Frau Birgit auf uns zu. Wir hatten noch seine feierliche Verabschiedung im großen Hörsaal des Klinikums in Erinnerung. Er hatte sich damals auf seinen Ruhestand gefreut, vor allem auf die Möglichkeit, endlich seiner Frau mehr Zeit widmen zu können. Wir hatten ihm viel zu verdanken. Über Jahre behandelte er mit großem Einfühlungsvermögen unsere drei indischen Kinder. Und auch sonst war er für uns in besonders schweren Zeiten mit Rat und Tat selbstlos verfügbar.

Jetzt stand er mit seiner Frau vor uns, auch sie zu einer CT-Untersuchung geladen. Man hatte Krebs bei ihr festgestellt. Wir waren also in der gleichen Situation. Unbefangen erzählte ich über mein Leiden und darüber, dass ich mich darauf freute, bald in das ewige Leben einzugehen. Verlegen schaute sie mich an und sagte dann leise: „Ich bin noch nicht so weit. Ich möchte noch nicht sterben.“ Nachdenklich betrachtete ich ihr Gesicht und versuchte, mich in sie hineinzudenken. Viele Jahre ihres Lebens hatte sie opfervoll ihrem Manne zur Seite gestanden, hatte um seines Berufes willen auf viele gemeinsame Stunden verzichten müssen. Erst seit kurzem war ihnen diese ungestörte Zweisamkeit vergönnt. Sollte dieses Glück durch eine bösartige Krankheit ein jähes Ende nehmen? Als ich mich mit einem Handkuss von ihr verabschiedete, fühlte ich, wir würden uns in dieser Welt nicht mehr wiedersehen.

Glaubst du?

Eine Woche nach der CT-Untersuchung bat mich Professor Höffkes in sein Büro, um die Ergebnisse zu besprechen. Er empfing meine Frau und mich in einer Art von Hochstimmung, lachte fast übermütig. Ich hatte vermutet, er würde eine Verlängerung der Chemotherapie empfehlen, aber nichts dergleichen, im Gegenteil. „Sie brauchen keine mehr. Es sind keine Krankheitszeichen mehr zu erkennen." Was das praktisch zu bedeuten habe, wollte ich wissen. „Sie können Ihr normales Leben wieder aufnehmen. Wir pflegen in solchen Fällen vorsichtshalber noch nicht von Heilung zu sprechen, sondern von Vollremission." Ich wollte genaueres wissen, ob wir zum Beispiel an Reisen denken könnten, etwa nach England oder nach Italien. „Das können Sie, aber bleiben Sie in Kontakt mit mir." Ich fragte weiter, es war eher wie ein Test: „Könnte ich denn auch nach Indien reisen, eine meiner Töchter wollte es gern noch einmal mit mir tun." Auf diese Weise wollte ich erfahren, wie ernst es ihm mit der so genannten Vollremission stand. „Der Osten hat die Angewohnheit, Männer als auch ihre Träume zu zerstören, hat schon Alexander der Große dreihundert Jahre vor Christus gesagt. Lassen Sie das erst einmal. Zu gegebener Zeit müssten wir noch darüber sprechen", war die Antwort, „im Übrigen bekommen Sie alle drei Monate Antikörper, Rituximab. Vorerst. Vielleicht können wir auch das nach einiger Zeit einstellen."

An seinem Lächeln sah ich, dass ich ein sehr verstörtes Gesicht gemacht haben muss. Zu krass, zu radikal war die neue Situation für mich. „Ich weiß nicht, Herr Professor, ob ich mich darüber freuen oder traurig sein soll. Sie wissen, ich bin schon völlig auf eine ganz andere Wirklichkeit eingestellt. Es wird nicht leicht für mich sein, mich wieder hier zurechtzufinden." – „Mit dieser Reaktion habe ich bei Ihnen gerechnet. Schreiben Sie zwei weitere Bücher", sagte er, „dann wird Ihnen die Zeit schneller vergehen."

„Ich könnte mir vorstellen, worüber ich noch schreiben muss. Was mit mir geschehen ist, scheint wie ein Wunder." – „Wunder geschehen durch harte Arbeit", entgegnete Professor Höffkes. „Jesus hat vor jeder Heilung, um die man ihn gebeten hat, die Kranken gefragt: Glaubst Du?" Der Professor wurde nachdenklich. Ich nahm den Dialog wieder auf: „Sie waren in meinem Fall ein Werkzeug Gottes." – „Glaube ich nicht", antwortete er, „ich bin böse." – „Gott setzt jeden auf seine Weise ein", erwiderte ich abschließend. Mir fiel die Bemerkung von Dr. Hellinger ein, das Fundament für den Erfolg eines Arztes sei die Demut. In diesem Augenblick wusste ich, ich stand einem großen Arzt gegenüber, einem glaubwürdigen Idealisten, der sein Leben als Dienen am Leben verstand. Er war übrigens, wie mir Krankenschwestern schon vorher erzählt hatten, Vater von acht Kindern.

Als ich sein Zimmer verließ, stieß ich auf seine Vertreterin, Dr. A. Distelrath, eine sehr feinsinnige Ärztin, Idealistin wie ihr Chef. Ich deutete ihr an, wie verwirrt ich sei nach dem, was ich gerade gehört hatte. „Zu Ihrer Besserung haben Sie selbst beachtlich beigetragen", sagte sie. „Aber wir brauchen uns noch nicht zu verabschieden. Wir werden uns ja vorerst alle drei Monate wiedersehen."

Ein Jahr war vergangen, als eines Morgens im August meine Tochter beim Frühstück eine Todesanzeige in der Zeitung fand. „Der Herr über Leben und Tod hat Birgit Töllner aus diesem Leben abgerufen. Die Hinterbliebenen: Prof. Dr. Uwe Töllner, Dörte Töllner ..." Am Schluss ein besonderer Dank u.a. auch an das Tumorzentrum, also an Prof. H.G.Höffkes und Dr. A. Distelrath, an jene beiden Ärzte, die auch mich betreut hatten. Die Benachrichtigung war knapp, wortkarg, umso stärker die Aussagekraft. Wir stehen vor dem Geheimnis des Todes, vor dem Mysterium dessen, der Herr ist über Leben und Tod. Uns bleibt die Hoffnung, dass am Ende alles sich als Liebe erweist.

Mir blieb der Bissen im Munde stecken. Vor Augen stand mir die Begegnung in der Radiologie im Klinikum in Fulda, als die jetzt Verstorbene mir sagte, sie sei noch nicht so weit, sie habe hier noch eine Aufgabe. Ich war innerlich ganz darauf vorbereitet zu gehen. Sie wurde abberufen, ich musste bleiben. Dr. Distelrath, die sie behandelt hatte, haderte entgegen ihrer Gewohnheit wegen dieses frühen Todes mit Gott. Birgit Töllner hatte 62 Jahre erreicht. In diesem Alter fing ich mit meinen wichtigsten literarischen Arbeiten gerade erst an. „Wenn ich Gott in der Ewigkeit gegenüber stehen werde, werde ich ihn als erstes danach fragen, warum er diese Frau, eine vorbildliche Ehegattin eines vorbildlichen, opferbereiten Arztes, so früh abberufen, eine glückliche Ehe so früh zerrissen hat", klagte mir gegenüber die Ärztin. „Sie werden diese Frage nicht stellen", gab ich zur Antwort, „weil alle unsere Fragen im Tode bereits beantwortet sein werden."

Rhagava R. Menon, berühmter indischer Musikkritiker und Musikphilosoph, gediegener Kenner nicht nur der indischen Musik und Philosophie, sondern auch der westlichen, schreibt in seinem Buch *Abenteuer Raga* (The Magic of the Raga): „Es war Mode in früheren Zeiten, in religiösen und mystischen Begriffen über Dinge zu sprechen, deren endgültiger Sinn zufriedenstellend nicht in Worte zu fassen ist." Menon denkt an die Musik, aber was er über andere Zeiten sagt, ist heute auch außerhalb der Musik zur Krankheit unserer Zivilisation geworden – mit dem Unterschied, dass es nicht religiöse Begriffe sind, sondern soziologische, psychologische, politische, medizinische oder naturwissenschaftliche. Sie sollen Wirklichkeiten erklären, die nicht zu erklären sind.

Kapitel IV

Psyche und Krebs

Glaube und Medizin

Für mich galt es nun, sich umzustellen, behutsam, bedächtig und ein wenig unsicher, ob der verbesserte Zustand anhalten kann. Nur kürzere Autofahrten wagte ich zu unternehmen, längere Strecken legten wir mit dem Zug zurück. Erst nach Monaten folgte eine Tour zu Verwandten nach Hamburg. Ähnliches galt für das ganze Arbeitspensum, das Lesen und Schreiben, die Spaziergänge und die körperlichen Arbeiten.

Und immer wieder beschäftigte mich die Frage, warum der Tumor bei dem einen Menschen überwunden wird und warum andere daran sterben müssen. Warum wurde gerade mir noch eine Zeit gegeben, obwohl ich mich innerlich schon ganz auf die Begegnung mit Gott eingestellt hatte? „Trotz großer Fortschritte in den letzten Jahren bleibt der Krebs für uns eine geheimnisvolle Krankheit", sagte die mich betreuende Ärztin. Während mir immer wieder solche Gedanken durch den Kopf gingen, stieß ich auf Berichte über eine junge Wissenschaft, die Psychoonkologie. Ihre Lehrmeinung läuft darauf hinaus, dass die seelische Verfassung des Menschen nicht ohne Einfluss auf seinen Gesundheitszustand ist.

Als Vater dieser Neuorientierung in der Medizin gilt der amerikanische Krebsspezialist Dr. Carl Simonton. Anfangs, in den 70er Jahren, wurde er belächelt, in Deutschland noch lange danach nicht ernst genommen. Dr. Simonton ist überzeugt, „dass wirkliche Heilung immer mit einer spirituellen Entwicklung verbunden ist. Auch wenn der Patient es nicht so bezeichnet, gibt es immer eine Veränderung in Richtung Harmonie und Verbundenheit mit dem Ganzen.“ In seinen Büchern kommt er zu dem Schluss: „Krebs ist eine Methode des Körpers, der betroffenen Person mitzuteilen, dass in irgendeinem Lebensbereich Veränderung notwendig ist.“

Er war einer der Ersten, der über den heilsamen Einfluss von seelischer Betreuung für das Überleben wissenschaftliche Veröffentlichungen wagte. In den folgenden Jahren wurde er durch Hinweise und Erfahrungen anderer bestätigt. „Vergessen Sie daher alle Statistiken über Ihren Krebs“, schreibt Dr. Simonton, „Sie sind einzigartig, und Ihr Schicksal ist nicht vergleichbar mit dem eines Anderen. Und schließlich kann das, was Sie tun oder nicht tun, den Verlauf der Krankheit entscheidend beeinflussen.“

„Es gibt eine Art zu denken, die unserer Gesundheit förderlich ist, und eine, die ihr schadet“, schreibt in einer Artikelserie über den Krebs die klinische Psychologin Sabine Standenat aus Wien. „Überprüfen Sie, ob die Überzeugungen in wichtigen Lebensbereichen wie Liebe, Sexualität, Gesundheit, Erfolg und Geld Ihnen Stärke geben oder nehmen. Früher haben vielleicht die Eltern oder wichtige Bezugspersonen darüber entschieden, was Sie zu denken haben. Heute sind Sie der Kapitän auf Ihrem Lebensschiff.“

Zu meiner nicht geringen Überraschung wird heute sogar dem Glauben eine wesentliche Bedeutung bei Heilungsprozessen zugewiesen. Glaube und Medizin wurden lange – wie Glaube und Naturwissenschaft überhaupt – als Gegensatz gesehen. Jetzt zeigen ernsthafte wissenschaftliche Studien, dass der Glaube an eine höhere Macht nicht nur in Krisenzeiten tröstet, sondern im Krankheitsfall die Überlebenschance erhöht.

Forschungsergebnisse rund um die Welt würden zeigen, dass Menschen, die sich mit Gott in irgendeiner Art verbunden fühlen, eher gesund werden als andere, schreibt Sabine Standenat. Und Kranke, die körperlich nicht genesen, haben dennoch eine höhere Lebensqualität, weil sie sich in der Seele „heil" fühlen. Eine Erklärung hat die medizinische Wissenschaft für dieses Phänomen nicht.

Dazu erklärt Prof. Dr. Heinz Ludwig, international anerkannter Krebsspezialist im Wiener Wilhelminenspital: „Ich kann immer wieder beobachten, dass Patienten, die an eine höhere Macht glauben, entweder die Krankheit besser bewältigen oder schneller gesund werden. Ich kenne auch Untersuchungen, die belegen, dass Menschen, die beten und für die gebetet wird, länger leben." Und der berühmte Arzt Dr. Herbert Benson, der 30 Jahre lang zum Verhältnis zwischen Glaube und Gesundheit geforscht hat, meint: "Ob Gott nun wirklich existiert oder lediglich Einbildung eines Gehirns ist, das sich nach ihm sehnt – auf jeden Fall werden die, die an ihn glauben, gesünder."

Diesseits und Jenseits

Alles in allem scheint die seelische Verfassung des Menschen im Bereich von Gesundheit und Krankheit eine weit wichtigere Rolle zu spielen, als man bisher wahrhaben wollte. Immer wieder kamen mir die Worte von Dr. A. Distelrath in den Sinn: „Zu Ihrer Besserung haben Sie einen beachtlichen Teil beigetragen." Worin bestand dieser Teil? Wie kann ein Mensch, der sich nach der Ewigkeit sehnt und in der Krankheit gewissermaßen so etwas wie eine Himmelsleiter gesehen hat, durch eine Vollremission wieder ins Leben zurückverwiesen werden? Oder besteht da doch ein innerer Zusammenhang?

In weiteren Gesprächen, die ich mit ihr haben durfte, kamen wir immer wieder darauf zurück. Sie könne die Meinung solcher Ärzte wie Dr. Carl Simonton voll teilen, bekräftigte sie. „In der Onkologie (Krebsforschung) spielt sich viel Geistiges ab", so Dr. Distelrath. „Normalerweise reagieren Patienten mit Angst, Panik, Verdrängung. Der Tumor ist eine neue Lebenssituation. Aber Krebs ist auch eine Chance. Zum Beispiel die Chance, etwas in seinem Leben in Ordnung zu bringen. Bei gleicher Erkrankung, bei gleicher Therapie kann man verschiedene Abläufe feststellen. Nicht nur biologische Faktoren spielen eine Rolle, auch die Einstellung des Menschen. Stellen Sie sich folgenden Zusammenhang vor: Psyche, Immunsystem, Krebs. Die Psyche, also die seelische Verfassung wirkt auf das Immunsystem, also das Abwehrsystem des Menschen ein, stärkend oder schwächend, und das Immunsystem beeinflusst den Krebs, die Entstehung oder Heilung. Wir sprechen von psychoimmunologischen Ursachen der Erkrankung."

Ich bat sie um ein markantes Beispiel aus ihrer langjährigen Praxis, von dem sie sagen könne, dass offensichtlich die innere, seelische Einstellung sich auf den Tumor des Patienten ausgewirkt habe. In ihren Augen blinzelte ein Lächeln, dann sagte sie: „Das sind Sie! Krebs hat manchmal auch etwas mit Mystik zu tun." Auf die Mitteilung im Januar 2005, man habe bei mir bösartigen Blutkrebs entdeckt, war ich nicht gefaßt. Warum dann das spontane Gefühl der Freude? „Sehen Sie", antwortete Dr. A. Distelrath, als ich diese Frage an sie richtete, „diese Freude war für den Verlauf Ihrer Erkrankung entscheidend."

Die Wurzeln mussten tatsächlich tief im Innern meiner Psyche gelegen haben. Und wie zufällig blätterte ich auf der Suche nach etwas ganz anderem in meinem ersten Titel über Medjugorje *Der prophetische Aufbruch*. Zum Ausklang des Buches hatte ich damals noch einmal eine Reihe von Gesprächen zum Thema Tod und Ewigkeit mit Menschen dieser Stätte wiedergegeben, mit zum Teil sehr jungen Menschen. Und vieles wurde mir beim erneuten Lesen dieser Seiten auf einmal klar.

Bei diesen Gesprächen schälte sich nämlich eine Spiritualität, eine Art des Denkens und Fühlens heraus, in der die Grenze zwischen dem Diesseits und dem Jenseits, zwischen Zeit und Ewigkeit, zwischen Gegenwart und Zukunft aufgelöst ist. Die Angst vor dem Tode hat keinen Platz mehr. Auch die Zukunftsangst, beherrschend für die Stimmung in den Gesellschaften der Jahrtausendwende, ist gewichen.

Die Ewigkeit ist schon angebrochen. Man lebt in ihr, auch emotional. „Ich fühle die Ewigkeit, sie hat in mir begonnen. Wenn meine Seele Gott gehört, gehört sie bereits der Ewigkeit", sagte Marija Dugandzic, damals eine junge Frau, gerade erst nach dem Abitur, heute gereifte Akademikerin und Mutter von inzwischen vier Kindern in Wien. Ob sie Angst vor dem Tode habe, fragte ich sie damals. Nein, sie habe davor keine Furcht. Diese überkomme sie nur bei dem Gedanken, von Gott getrennt zu werden.

Ein anderes Mädchen mit gleichem Nachnamen, Mirjana Dugandzic, mit ihr befreundet, sagte: „Ich lebe für die Ewigkeit, glaube, in der Ewigkeit zu leben." Was oben sein wird, werde in einer gewissen Beziehung zu dem stehen, was hier geschieht. Darum sei der Wunsch, hier das zu leben, was Gott von ihr erwarte, ihre stärkste Triebkraft. „Ich fühle in der Seele, dass ich nicht so leben kann wie viele Menschen um mich herum." Diesseits sei eben keine Perspektive.

„Den Tod gibt es nicht. Was wir Tod nennen, ist eine Brücke, ein Eingang", sagte der Franziskaner Petar Ljubicic, der an der Gebetsstätte Pilger aus aller Welt betreute und zur Zeit in Deutschland bei Fulda lebt. „Ich lebe wie im Paradies. Es ist mir nicht mehr möglich, in rein irdischen Kategorien zu denken, ich kann es so nicht bezeichnen. Meine Geisteswelt wird vom Himmel geprägt", sagte er in Medjugorje. Wie sich das denn praktisch auswirke? „Ich möchte alles sehen, wie Gott es sieht. Wichtig ist doch, diesen Augenblick zu leben, jetzt. Was einmal war, können wir nicht mehr ändern, aber was kommt, das haben wir in der Hand." Wenn man für Gott lebe, lebe man die Zukunft Gottes, die Ewigkeit Gottes. Und sein Mitbruder, Dr. Tomislav Pervan, ergänzte: „Himmel und Hölle beginnen hier, im Menschen selber."

Tod und Zukunft

Viel miteinander zu tun haben Tod und Zukunft. In der Spiritualität von Medjugorje hat Zukunft einen anderen Charakter bekommen. Zukunft ist anwesend in der Gegenwart. Aus dem Hause Habsburg hat es die weltgewandte, sprachbegabte Milona von Habsburg, die mehrere Jahre in Medjugorje gelebt hat, auf einen Nenner gebracht: „Früher habe ich nur in der Zukunft gelebt,

Zukunftspläne gemacht, ... wenn einmal dies, einmal das eintritt, wenn ich einmal dies oder das haben werde, das war mein Denken. Heute habe ich keine Zukunft, mache keine Pläne, erfülle meine Pflichten, weiß mich ganz und gar in der Hand Gottes. Aber dadurch lebe ich mehr in der Zukunft als jemals zuvor."

Ein großer Gelehrter, der das Neue Testament aus dem Griechischen ins Kroatische übersetzt hat, Prof. Dr. L. Rupcic, formulierte es so: „Die Früchte unseres Lebens, unserer Arbeit, unseres Denkens sind Zukunft, weil sie in sich den Samen der Zukunft haben, des – man bedenke es – vermehrten Lebens. Pflicht der heutigen Generation ist es, Früchte zu tragen, die Samenkörner für die kommenden Generationen. Wir haben kein Recht, stehen zu bleiben. Wir müssen wachsen."

Ein weiteres junges Mädchen, heute Mutter von drei Kindern, Slavica Vasilj, äußerte sich etwa so: „Wir haben keinen Grund, uns vor der Zukunft zu fürchten. Die Zukunft der Welt hängt von unseren Gebeten ab. Die ‚Gospa' (so nennt man in Kroatien die Madonna) hat uns nie Angst eingeflößt. Sie hat unsere Augen für die Krisen der Welt geöffnet, immer aber zugleich Hoffnung gemacht."

Und wieder fielen mir bei dieser Rückschau Worte der ganz ungewöhnlichen Ärztin Dr. A. Distelrath an der Seite des ungewöhnlichen Professors H.G. Höffkes im Fuldaer Klinikum ein: „Tod ist die Zukunft." Bei manchen Ärzten scheinen sich demnach weltweit und unabhängig voneinander Medizin und Mystik immer näher zu kommen.

Ein orthodoxer Priester in Medjugorje sah es ähnlich: „Hier kann man sich einer neuen Zukunftsdimension bewusst werden. Jeder, der heute betet, bekommt etwas von der Ewigkeit mit, von der Welt von morgen, vom Reich, das kommt und das unter dem Leitmotiv stehen wird: Hier begegne ich meinem Bruder, ich bin sein Diener."

Fülle der Zeit

Dr. Slavko Barbaric, Franziskaner und Psychotherapeut, ein Mann, der durch Vorträge und Bücher in der ganzen Welt bekannt geworden ist, holte etwas ausführlicher aus: „Das Ineinandergreifen von menschlichem und göttlichem Wirken garantiert Zukunft. Wenn wir zu leben versuchen, was Gott uns sagt, ist das der wichtigste Beitrag für morgen, weil Gott immer große Pläne hat. Wenn wir uns heute für das Gute engagieren, helfen wir Gott, etwas Größeres zu tun. Gott will immer das Größere." Nicht auf das Reden komme es an. „Wenn wir zu viel über die Zukunft sinnieren, verlieren wir den Blick für die Herausforderungen der Gegenwart. Diese Zeit, jede Zeit ist die Fülle der Zeit. Jede Zeit ist Zeit der Gnade."

Als Slavko Barbaric dieses Interview gab, ahnte er nicht, dass er einmal, es war im November des Jahres 2000, während des Gebetes auf dem Kreuzberg in Medjugorje sterben sollte. Er hatte es oft weder sich noch anderen leicht gemacht, weil er keine Unklarheiten duldete, keine verschwommene Religiosität, keine leeren Worte, weil er in Medjugorje auch Exzentriker zurechtweisen musste, die sich gelegentlich dort einfinden. Aber einige Wochen vor seinem Tode lieferte er uns – vielleicht in der Vorahnung auf sein nahes Ende - bei einer Tagung in Fulda in Deutschland einen Beweis seiner großen Demut. In einem weiteren Kapitel wird es noch zu erwähnen sein. In der Erinnerung an die ungewöhnliche Begegnung mit Slavko Barbaric klangen mir jetzt immer wieder die Worte des Fuldaer Chefchirurgen Dr. Hellinger im Ohr: „Es ist die Demut, die einen Arzt zum großen Arzt werden lässt."

Pilger aus aller Welt lassen es sich nicht nehmen, bei einem Besuch in Medjugorje auf dem Grab von Pater Slavko Blumen niederzulegen. Er wird fast wie ein Heiliger verehrt. Seine nachfolgenden Worte von damals klingen wie ein vorweggenommenes Testament: „Tragik ist ein Teil des menschlichen Schicksals. Aber Verzweiflung ist nicht die Lösung Gottes. In der Enttäuschung über sich selbst aufgeben, über sich selbst den Stab brechen, das ist der Stil der Hölle. Im Bewusstsein der eigenen Schwäche bereit sein, etwas zu tun, damit es besser wird, immer wieder, das ist marianisches Verhalten. Gott macht es dem Menschen nicht leicht, weil er es sich selbst nicht leicht macht. Die Welt dreht sich nicht im Kreise ohne Hoffnung, sondern schreitet voran, weil Gott Zukunftspläne hat. Göttliche Kultur ist dynamische Kultur. Medjugorje ist ein atemberaubender Impuls Gottes zu neuer kultureller Dynamik. Gott hat wieder einmal in die Geschichte eingegriffen, weil er sich selbst nicht untreu werden kann. Auf dem Erscheinungsberg spüren viele Menschen den Atem der Ewigkeit, Gegenwart wird zur Zukunft, aus der die ‚Madonna' kam. Bedrückung verwandelt sich in Zuversicht, Trauer in Freude, weil der Mensch Bereitschaft zeigt, Partner Gottes zu werden." Erst heute, Jahre danach, ahnt man die ganze prophetische Weite dieser Überlegungen.

Bei der Rückschau auf den Verlauf meiner Krankheit fiel mir ein Gedanke des großen Papstes Johannes Pauls II. aus einem seiner Rundschreiben ein. Eine grundlegende Wende würde den Menschen ständig begleiten, alle und jeden, durch alle geschichtlichen Ereignisse hindurch. Es ist die Wende vom „Fallen" zum „Auferstehen", vom Tod zum Leben. Sie ist auch eine unaufhörliche Herausforderung an das menschliche Gewissen; eine Herausforderung an das ganze geschichtliche Bewusstsein des Menschen.

In diese Herausforderung versuchte ich nun auch meine Krankheit einzuordnen. Es ist das „Ewige Du", von dem die Kraft kommt, sich seinem Schicksal zu stellen. Dieses Du schenkt auch das Licht, seine Bestimmung zu verstehen. Im Ohr klangen mir die Worte der jungen Mirjana Dugandzic: „Diesseits ist keine Perspektive", während mir die Worte von Johannes Paul II. meine eigene Freude im Angesichte des Todes erklärten. „Es ist die Wende vom Tod zum Leben, die wir immer vor uns haben."

Hier ist wieder eine Meinung von Dr. A. Distelrath hinzuzufügen: „Der geistige Halt bei einer Erkrankung ist nicht zu unterschätzen. Krebskranke, die psychisch betreut werden, leben länger. Auch soziale Einflüsse spielen eine Rolle. Es gibt keine Werte mehr, keine Moral. Aber ohne geistige Hygiene geht es nicht."

Es war die Spiritualität von Medjugorje, deren Sicht von Zeit und Ewigkeit, die ich vor vielen Jahren tief verinnerlicht haben musste, mehr als mir bewusst war, und die offensichtlich der Grund dafür gewesen ist, dass ich in der entscheidenden Stunde, auf die ernste Aussicht hin, bald in die Ewigkeit abberufen zu werden, nicht mit Trauer oder mit Niedergeschlagenheit, sondern mit Hoffnung und stillem Glück reagiert habe, eine Freude, die – so scheint es – dem im Blut wütenden Tumor Einhalt geboten hat. Die entscheidende Rolle, die Marija Pavlovic, die Seherin von Medjugorje, dabei gespielt hat, habe ich früher bereits angedeutet.

Kapitel V

Zwischen den Bergen

Wieder daheim

Mehr als ein halbes Jahr war vergangen, seit mich Prof. H.G. Höffkes in den normalen Alltag entlassen hatte. Ein paar kürzere Reisen hatte ich mühelos hinter mich gebracht. Da kam der Reiseveranstalter Joachim Teiser auf mich zu. Ende der 80er Jahre hatten wir gemeinsam erste Pilgerfahrten nach Medjugorje unternommen. Inzwischen ist er – wie andere – Spezialist auf diesem Gebiet. Die Madonna würde nichts schuldig bleiben, hatte ich ihm einmal gesagt. Es sollte sich in seinem Berufsleben erfüllen. Er fragte an, ob ich bereit wäre, zum 25. Jahrestag der Erscheinungen im Juni eine Pilgergruppe nach Medjugorje zu begleiten. Damit kam er mir bei einem geheimen Wunsch entgegen. Vielleicht würde ich dort eine Antwort auf die Frage erhalten, warum der Himmel mich, als ich ihm sehr nahe zu sein glaubte, auf die Erde zurückverwiesen hat, und was er von mir erwartete. Die Antwort sollte ich in der Tat bekommen.

Immerhin hatte Medjugorje mich während meiner schweren Krankheit nicht losgelassen. Erst war es ein Pfleger im Klinikum, der mich darauf ansprach, dann meldete sich Marija Stelzer-Dugandzic aus Wien, die vor 20 Jahren eine der Säulen des so genannten großen Jelena-Gebetskreises in Medjugorje war, ein Vorbild für Tausende solcher Kreise in der ganzen Welt. Nach ihr sprach Marija Pavlovic aus Mailand mit mir, die einmal von einem Bischof als Bernadette, die Seherin von Lourdes, des 20. Jahrhunderts bezeichnet worden war. Schließlich rief der Franziskaner Ivan Landeka an, der für mich auf dem Erscheinungsberg gebetet hat. Nicht zu vergessen ist Jozo

Zovko, die heute bekannteste Priestergestalt in der Welt, der in einer Kirche nur einige Kilometer von meinem Wohnsitz entfernt zu einer größeren Gruppe von Pilgern sprach und dabei von meinem Zustand erfuhr.

130 Leute meldeten sich, die bereit waren, nach Medjugorje zu fliegen. Der Veranstalter musste mit einem Teil auf eine zweite Maschine von Hannover ausweichen, weil in der ersten von Frankfurt kein Platz mehr war. Die meisten Teilnehmer sah ich zum ersten Mal.

Es war ein merkwürdiges Gefühl, das sich meiner bemächtigte, als wir in Split an der dalmatinischen Küste landeten. Unzählige Male hatte ich die Strecke zurückgelegt, per Auto, mit dem Flugzeug, mit meiner Familie und mit Pilgern, vor dem Kriege, unter dem kommunistischen Regime, während des Bürgerkrieges und danach, als das ehemalige Jugoslawien in mehrere Staaten zerfallen war. Aber mir war, als betrete ich das Land zum ersten Mal.

Nicht so in Medjugorje. Als der Bus in die Hauptstraße einbog, hatte ich das Empfinden, als schaute ich aus der Ewigkeit auf die beiden Kirchtürme. Vor 25 Jahren konnte niemand ahnen, dass dieses Gotteshaus einmal zum Zentrum einer weltweiten Erneuerungsbewegung werden sollte, eine Prophetie in Stein.

Der Bus hielt vor dem Hause von Slavica Vasilj, nur einige hundert Meter von der Kirche entfernt. Aus dem Küchenfenster des etwa 50 Meter von der Straße zurückversetzten Hauses sah uns die Hausherrin. Sie, Mutter von drei Kindern, ließ alles stehen und liegen, rannte auf uns zu und fiel uns um den Hals. Eine ergreifende Begrüßungsszene. Wahrscheinlich hatte sie sich schon mit dem Gedanken abgefunden, mich nie mehr wiederzusehen. Ihr Mann kam dazu, nahm unsere Koffer und brachte sie in den ersten Stock in unser Zimmer. Gerade wollte ich es betreten, da flüsterte die Hausherrin mir zu: „Schau Dich doch einmal um!“ Ich tat es und traute meinen Augen nicht. Vor mir stand Marija Pavlovic. Sie war zu den Jubiläumsfeierlichkeiten bereits aus Mailand eingetroffen und wollte mich überraschen. Das war ihr voll gelungen. Mit Tränen in den Augen drückte ich sie an mein Herz. „Wir haben für Sie gebetet, darum sind Sie jetzt hier!“, sagte sie. „Und ich hatte gedacht, wir würden uns erst im Himmel wiedersehen“, antwortete ich. Dann musste sie sich verabschieden. Sie war eine viel gefragte Persönlichkeit, wo immer sie in der Welt auftauchte, aber besonders hier.

Geheimnis und Gebet

Sechs Jahre waren es her, seit ich hier das letzte Mal meditiert hatte. Ein erster Rundgang um die nahe gelegene Kirche zeigte mir, dass die Pilger aus aller Welt noch zahlreicher geworden waren. Ich sah und hörte Koreaner, Japaner, Polen so viele wie nie zuvor, Nordamerikaner, Kanadier, Franzosen und viele, viele Italiener. Keine kommerzielle Propaganda hatte sie hierher gebracht. Einzelne geben ihre Erfahrungen weiter, von Mund zu Mund, wie unter den ersten Christen vor 1900 Jahren. Oft spüren sie den Widerstand der eigenen Seelsorger, der Bischöfe. Aber es gibt auch Oberhirten, Priester, die ermuntern, die sie begleiten, die sich anstecken lassen.

Am Anfang stand das unerschrockene Zeugnis von sechs Kindern unter einem grausamen, perfiden kommunistischen Regime, das nicht nur das öffentliche Leben lückenlos kontrollierte, sondern sich anmaßte, das Innenleben des Menschen zu beherrschen. Auch bei mir hatte die Polizei 1990 bei der Einfahrt in die Ortschaft den Wagen durchsucht.

Dank des Opfergeistes dieser Kinder aus normalen, ganz schlichten Elternhäusern wurde der Ort mit den Jahren zu einer Stätte der Vertiefung des Glaubens, der Bekehrung und der Heilung für viele Menschen aus der ganzen Welt.

Geheimnis und Gebet haben dieselbe Wurzel, denselben Urgrund. Wo der Mensch an das Geheimnis nicht mehr glauben kann, hört er auf zu beten. Trotz gewaltiger Fortschritte in den Naturwissenschaften, in Technik und Medizin, bleibt das Universum für den Menschen ein Mysterium. Jede neue Erkenntnis öffnet die Tür zu neuen Fragen, zu neuen Geheimnissen. Schon gibt es erste Vermutungen, dass jenseits unseres Universums nicht Millionen, sondern Milliarden anderer existieren könnten. Die Arroganz des Intellektes hat in den letzten zweihundert Jahren versucht, das Geheimnis aus der Welt zu schaffen. Die Vernunft sollte alles erklären und hat doch mehr Fragen aufgeworfen als beantwortet.

In Medjugorje haben die Menschen aus allen Himmelsrichtungen, aus allen Kulturen und von allen Kontinenten das Geheimnis wieder entdeckt, sie haben Gott als das unergründliche Mysterium wieder gefunden und Ja zu ihm gesagt. Das ist der Grund, warum sie wieder beten. Mehr als je zuvor.

Das grosse Jubiläum

Mit einer so genannten Gebets-Novene, also neun Tage hindurch, bereitete sich die Gemeinde von Medjugorje auf das große Jubiläum vor. Vor fast 2.000 Jahren verharrten die Jünger Jesu mit seiner Mutter ebenso viele Tage im Gebet, bis am Pfingsttag der Heilige Geist über sie kam und sie die Botschaft ihres Herrn im richtigen Licht sahen, frei von Verzerrungen durch Diesseits-Utopien. In Medjugorje hat sich ein ungemein sensibles Gespür für das Wesentliche und das Ursprüngliche in der Kirche entwickelt. Darin liegt die Antwort auf die Frage nach seiner Ausstrahlung. Hier weht ein neuer Geist, der nichts mit den verhängnisvollen Utopien, nichts mit den politischen Verheißungen, nichts mit den ideologischen Versprechungen dieser Zeit gemeinsam hat.

Am Nachmittag des 23. Juni klang die Novene aus mit dem Gebet des Rosenkranzes auf dem Erscheinungsberg. Daran nahmen auch Seher teil. Und am Abend feierten einige ehemalige Pfarrer von Medjugorje und Priester, die aus der Gemeinde hervorgegangen waren, zusammen mit dem Franziskanerprovinzial aus Sarajewo, Mijo Dzolan, und 160 Priestern aus aller Welt die Messe. Medjugorje gehört einer anderen Ordensprovinz an. Die Franziskaner zeigten also Einmütigkeit. Nach der Eucharistiefeier sprachen die Seher Ivan Dragicevic und Marija Pavlovic das Magnifikat. Sie hatten allen Grund, diesen Lobgesang Mariens zu beten, denn in der Tat, Großes hat der Himmel an ihnen und durch sie getan. Heute handelt es sich um keine Jugendlichen mehr, sondern um welterfahrene Persönlichkeiten mit großen Familien.

Der 24. Juni beginnt in jedem Jahr mit einem Friedensmarsch vom 13 Kilometer entfernten Franziskanerkloster Humac nach Medjugorje. An ihm nehmen jeweils mehrere Tausend Menschen aller Sprachen teil. Er wurde 1992 während der heftigsten Kämpfe im ehemaligen Jugoslawien ins Leben gerufen. Krieg bedeutet Zerstörung und Tod. Der Friedensmarsch ist eine Demonstration für Frieden und Versöhnung, zwei Säulen, auf denen allein Leben gedeihen kann. Insofern ist dieser Marsch eine Demonstration für das Leben, eines der Grundanliegen der Botschaften von Medjugorje, was in einem der nachfolgenden Kapitel ausführlich erörtert wird.

Zur Abendmesse hatten sich 252 Priester aus aller Welt eingefunden. Hauptzelebrant und Prediger war Dr. Ivan Dugandzic, Dekan der theologischen Fakultät Zagreb. Die Zahl der Gläubigen wurde auf 25.000 geschätzt.

Was sich in Medjugorje in den letzten 25 Jahren abgespielt habe, konnte niemand inszenieren, sagte Dugandzic in seiner Rede. Es sei auch kein Hunger nach Sensation gewesen, der Menschen aus aller Welt hierher strömen ließ, es war die Suche nach Frieden im eigenen Herzen. Medjugorje sei die Antwort auf die geistige und moralische Krise der Welt. Die Welt habe Wohlstand versprochen, die Technik eine glückliche Zukunft. Hedonismus, das Prinzip Genuss, schaffe nur Illusionen. Die Menschen glaubten an die Wissenschaft, obwohl dies schwieriger sei, als an Gott zu glauben. Wir lebten in einer Welt des Stolzes, aber Stolz sei eine Eigenschaft Satans. Darum befinde sich die Menschheit am Abgrund.

Vor diesem Hintergrund werde die Zahl der Menschen immer größer – hatte Dugandzic bereits vorher in einem

Interview hervorgehoben –, die in den Botschaften der Gottesmutter einen authentischen Ruf zur Umkehr an die Kirche und an die Welt erkennen. Und das, obwohl in Artikeln und Büchern immer wieder versucht werde, mit Medjugorje unbarmherzig „abzurechnen". Heute sei es Pflicht eines jeden Bischofs, eines jeden Theologen, gegenüber diesem Phänomen nicht gleichgültig zu sein. „Viele Theologen sprechen über Gott, als würden sie alles über ihn wissen, so als würde Gott für sie kein Geheimnis mehr darstellen." Die evangelische Theologin D. Sölle habe einmal gesagt, die Mystik sei heimatlos geworden. Nun, Medjugorje sei die Rückkehr zur mystischen Dimension des Glaubens.

Der Abendmesse folgte eine Dankandacht, an der alle Seher teilnahmen: Ivanka Ivankovic-Elez, Jakov Colo, Mirjana Dragicevic-Soldo, Marija Pavlovic-Lunetti und Ivan Dragicevic. Vicka Ivankovic war durch eine Erkrankung an der Teilnahme verhindert. Noch nach 25 Jahren legten sie gemeinsam Zeugnis dafür ab, was sie vor einem Vierteljahrhundert als Kinder erlebt hatten. Allein der innere, ungetrübte Zusammenhalt der Gruppe nach so langer Zeit, nach so schweren Prüfungen, Unterstellungen, Befragungen, Belästigungen, Untersuchungen und Spaltungsversuchen stellt ein gruppendynamisches Phänomen besonderer Art dar.

Musikalisch gestaltet wurde die Andacht von den zwei Chören der Gemeinde, dem Erwachsenenchor „Zbor kraljica mira" (Chor Königin des Friedens) und dem Kinderchor „Golubici mira" (Tauben des Friedens), beide unter Leitung von Schwester Slavica Kozul.

Krönung des Tages war eine eucharistische Anbetung, bis Mitternacht wegen der großen Anzahl Betender außerhalb der Kirche, nach Mitternacht bis zum frühen Morgen in der Kirche.

Höhepunkt des Jubiläums war der 25. Juni, ein Sonntag. Allein in kroatischer Sprache wurden sieben heilige Messen gefeiert, jede Stunde eine, Messen in sechzehn Sprachen an anderen Stellen. Und überall traf man auf beichtende Menschen, vor den festen und den provisorischen Beichtstühlen warteten Schlangen von Pilgern. Ein Bild, das sonst nirgends zu finden ist. Auch darin liegt eine prophetische Aussage.

Als Titelbild meines zweiten Buches über Medjugorje „Botschaft vom dienenden Gott“ hatte ich ein Foto gewählt, das einen Geistlichen zeigt, der einer blinden Frau die Beichte abnimmt. Das Erschütternde an dem Bild ist – meine älteste indische Tochter hat es eingefangen –, dass nicht, wie üblich, der Priester sitzt und die Frau vor ihm kniet, sondern umgekehrt, die Frau sitzt und vor ihr kniet der Priester. So wurde die Botschaft Medjugorjes vom dienenden Gott ausdrucksstark dargestellt. Das Bild soll Papst Johannes Paul II. stark beeindruckt, aber andere zur Weißglut gebracht haben. Später habe ich von einer Dame in Luxemburg erfahren, die den Geistlichen kannte, dass die priesterliche Stola, die er um den Hals trug, ihm von ehemaligen Prostituierten in Kolumbien geschenkt worden war, die er aus ihrem bitteren Leben herausgeholt hatte. Auch auf so etwas stößt man in Medjugorje.

Zur Abendmesse versammelte sich die Weltkirche im Kleinen. An ihr nahmen vier Bischöfe aus dem Ausland – unter ihnen zu meiner großen Freude ein Inder – und 322 Priester teil. Die Zahl der Gläubigen wurde auf weit über 100.000 geschätzt, die Presse sprach sogar von 300.000.

Hauptzelebrant war Prof. Tomislav Ivancic, Mitglied des Domkapitels in Zagreb und Professor der dortigen Universität, deren gewählter Rektor er einmal gewesen war. Er ist übrigens Begründer der so genannten Hagiotherapie, die heute bei der Heilung Kranker zusammen mit somatischer und psychischer Therapie eine immer größere Rolle spielt.

Man hatte also für die zwei wichtigsten Tage nicht hohen kirchlichen Würdenträgern, sondern Vertretern der Wissenschaft die Feier der Eucharistie anvertraut. Ein nicht zu übersehender Akzent. Demnach scheint zum Teil die Wissenschaft heute der Mystik gegenüber aufgeschlossener zu sein als manche Verantwortliche in der Kirche. Auffallend zurückhaltend verhielt sich der Pfarrer der Gemeinde, Dr. Ivan Sesar. Das Anliegen stand im Vordergrund, die Botschaft, die Menschen, nicht der Amtsträger.

Der einzelne

Als Mann der Wissenschaft stellte Ivancic in seiner Predigt das Thema Glauben in den Mittelpunkt. In einprägsamen Kurzformulierungen machte er klar, welche Rolle der Glaube im Leben des Menschen spielen kann. Er erinnerte an die Worte Jesu: „Demjenigen, der glaubt, ist alles möglich" und „Wenn ihr glaubt, werdet ihr Wunder wirken". Heiligkeit beginne mit dem Glauben, sagte er. „Selig, weil du geglaubt hast."

Ich wollte sterben – ging es mir durch den Kopf. Er aber will, dass du glaubst! „Hier, Herr, ich bin da! Das ist Medjugorje!", rief der Professor den Massen zu, die von allen Kontinenten zu dieser Feier gekommen waren. Und ich konnte seine Worte gut für mein Leben umsetzen. Dass Gott uns nahe ist, diese Erfahrung habe mit den Sehern begonnen. „Heute Abend ruft dich Medjugorje dazu auf, besser zu sein, als du bist, dann veränderst du die Umwelt. Lerne zu beten, mit Gott zu sprechen – sagt Medjugorje. Tod ist nur ein Übergang, wir werden lachen im Himmel, wie naiv wir auf der Erde waren. Die Seele wird zerstört, wenn man nicht glaubt, dass man geliebt wird. Geistige Krankheiten entstehen durch Unglauben." Und mit einer griffigen Frage ließ er seine Betrachtungen ausklingen: „Liebst du die Kirche? Denke daran, die Kirche, das bist du!"

In diesen Worten klang die Verantwortung durch, die Medjugorje, und das heißt die Madonna und letztendlich Gott, dem einzelnen Menschen zuweist. Nicht die Masse, nicht das Kollektiv wird in Medjugorje angesprochen, sondern der Einzelne. Auf den Einzelnen kommt es an, nicht auf die namenlose Masse. Auch hier setzt Medjugorje klare Akzente gegen die Zeitströmung, gegen die Massenmedien, die dem Kollektiv unentwegt schmeicheln, um seine Gunst werben, um es anschließend zu manipulieren, zu kneten und zu treten.

Während der Anbetung nach der Messe wurden die Gebete auch in chinesischer, koreanischer, arabischer, flämischer, rumänischer, russischer und slowakischer Sprache gesprochen. Ich wurde an Weihnachten 1987 erinnert, als ich mit meiner Frau und unseren drei indischen Kindern zum ersten Mal in Medjugorje eintraf. Erst neunzehn Jahre später erfuhren wir aus einem Vortrag von Marija Dugandzic, den sie auf einer Tagung in Eltville in Deutschland gehalten hat, welch einen großen

Eindruck damals diese indischen Kinder auf die ganze Gemeinde gemacht hatten. Sie durften vor der Mitternachtsmette auf ihren Instrumenten zwei Weihnachtslieder spielen. Die Gemeinde sah darin ein Zeichen, sich der ganzen Welt zu öffnen. Zum Abschied schenkte man uns in Medjugorje einen Eimer Honig. Für die nicht wohlhabenden Bewohner war das ein königliches Geschenk. Jetzt, zum 25. Jahrestag, war der indische Oberhirte mit dem komplizierten Namen Geervarghese Mar Divanassios Ottahengel aus Battery in Kerala in Südindien dabei. Welch ein Wandel!

Wunder von Anfang an

Dr. Tomislav Pervan, früherer Pfarrer von Medjugorje, danach Provinzial der Franziskaner in der Herzegowina, Zeuge der ersten Stunde, bewegt Zuhörer immer wieder, wenn er von den Anfängen spricht. Im August 1981, also nur Wochen nach dem Beginn der Erscheinungen, kam er mit seinem kleinen Auto wegen der Menschenmassen nicht durch, als er von auswärts nach Medjugorje wollte, berichtete er in einem Vortrag am 22. Juni in Medjugorje vor einem überfüllten Saal, als Vorbereitung auf den 25. Jahrestag. Damals sei die Post ausgebrannt gewesen, deshalb wäre die Nachricht nur von Mund zu Mund weitergegeben worden. Medjugorje sei ein Aufbruch, ein Wunder von Anfang an gewesen.

Heute fühlten sich die Priester in der Gemeinde nahezu überfordert. Sie arbeiteten an der Grenze ihrer physischen Möglichkeiten. Neben der pastoralen Betreuung der Pilger aus aller Welt seien sie, das dürfe man nicht vergessen, immer wieder Verdächtigungen ausgesetzt gewesen. Für viele Gegner kann nicht sein, was nicht sein darf. In Medjugorje habe eine globale Erneuerungsbewegung ihren Anfang genommen, eine glaubwürdige Friedensbewegung und eine Laienbewegung. Laien seien es, die immer wieder neue Gruppen nach Medjugorje führten. Hier kommen Geist und Absichten des Zweiten Vatikanums in besonderer Weise zum Tragen. Das alles sei vor allem durch das prophetische Charisma zu erklären, das sich hier immer deutlicher zeige.

Bis heute habe es in der gesamten Kirchengeschichte keine Marienerscheinungen gegeben, die 21 Jahre lang, von 1984 bis 2005, in einem solchen Grad, so genau, so sorgfältig, so intensiv und so extensiv untersucht worden seien. Und das von international qualifizierten Fachleuten, Ärzten, Wissenschaftlern und Psychologen, deren Untersuchungen und Ergebnisse übereinstimmend seien und sich gegenseitig als ergänzend erwiesen hätten. Die intellektuelle Redlichkeit gebiete es, dies zu sehen. Experten gingen davon aus, dass die Seher 1981 eine grundlegende Erfahrung gemacht hätten, die zu einer Initialzündung geworden ist. Die Wissenschaft sei in Medjugorje an ihre Grenzen gestoßen. In der Heilsgeschichte habe sich gezeigt, dass Gott Verbindungen zu den Menschen mit Hilfe von Erscheinungen und Visionen suche, weil das dem Menschen angemessen ist.

Intellektuelle Potenz

Aus der Rückschau muss eine Sache als besonderer Glücksfall festgehalten werden. Von Anfang an haben mehrere hoch qualifizierte Theologen, Intellektuelle von Format die Vorgänge beobachtet, analysiert und begleitet. Da wäre vor allem Dr. Slavko Barbaric zu nennen, Theologe und Psychotherapeut, in Freiburg in Deutschland promoviert, der ab 1982 die Seher psychologisch betreut hat. Barbaric war ein nüchterner Mann, der sehr herb werden konnte – ohne Rücksicht auf die Person. Seinem kritischen Geist wäre nichts entgangen, was nicht authentisch gewesen wäre. Die Seher hatten große Hochachtung vor ihm. Er hat mehrere Bücher geschrieben, die vor allem die Spiritualität von Medjugorje widerspiegeln. Sie wurden in fast 20 Sprachen übersetzt.

Ihm zur Seite stand in den 80er Jahren Dr. Tomislav Pervan, Neutestamentler, der die Fähigkeit besitzt, Probleme griffig, verständlich, zuweilen literarisch auszudrücken, ein Mann von hohem Allgemeinwissen und theologischer Tiefe. Seiner Beobachtungsgabe wäre nichts Verdächtiges verborgen geblieben. Vom ersten Tag an hat er die Vorgänge aus dem benachbarten Humac verfolgt, später war er einige Jahre Pfarrer von Medjugorje und hatte Gemeinde, Pilger und Seher sorgfältig im Auge.

Von den ersten Tagen an begleitete ihn ständig Dr. Ivan Dugandzic. Ab 1985 bis 1988 wirkte und beobachtete er die Ereignisse in Medjugorje sogar vor Ort. Dugandzic ist Schüler des bedeutenden Neutestamentlers Rudolf Schnackenburg in Würzburg, bei dem er auch promoviert hat. Heute ist er Dekan der Theologischen Fakultät der Universität Zagreb. Dugandzic ist nicht nur Bibelwissenschaftler, sondern auch Kenner der modernen Geistesgeschichte. Alle Jahre hindurch ist er regelmäßig in Medjugorje gewesen, um sich auf dem Laufenden zu halten. Er hat ein ausgesprochenes Gespür sowohl für das Authentische, für das Prophetische wie für das Mystische.

Schließlich muss Prof. Dr. Ljudevit Rupcic erwähnt werden, der Älteste von allen. Unter der kommunistischen Herrschaft übersetzte er im Gefängnis das Neue Testament aus dem griechischen Urtext. Lange Jahre war er Professor an der Theologischen Fakultät der Franziskaner in Sarajewo und einige Jahre in Zagreb. Er hat Seher und Umfeld immer wieder befragt und observiert, war maßgeblich an den Untersuchungen ausländischer Wissenschaftler beteiligt und hat einige beachtliche Werke veröffentlicht. Mit 83 Jahren starb er am 22. Jahrestag der Erscheinungen, am 25. Juni 2003. Einen schöneren Tod hätte er sich nicht wünschen können.

In diese Reihe gehört auch der Franziskaner Jozo Zovko, zu Beginn der Erscheinungen Pfarrer von Medjugorje, der einzige unter den herausragenden Theologen ohne Doktortitel, aber diese scheinbare Lücke gleicht er aus mit einer ungewöhnlichen charismatischen Intuition. Seine nicht nur theologischen, sondern auch politischen Analysen sind zuweilen verblüffend. Heute dürfte er weltweit die bekannteste Priesterpersönlichkeit überhaupt sein, die von den nach Wahrheit hungernden und Geborgenheit suchenden Massen regelrecht belagert wird.

In einem Aufsatz zum großen Jubiläum sagte er u. a., die Menschen sollten dankbar sein, dass durch Medjugorje der Vorhang der dunklen Zeit, in der wir lebten, gelüftet wurde. Durch Gottes Eingreifen in unsere Geschichte entstehe eine neue Welt, als Gegenpol zu jener Gemeinschaft, die eine Zukunft ohne Gott bauen möchte. Das Licht von Medjugorje leuchte auf allen Kontinenten;

wenn es diese Stätte nicht gäbe, wäre das Antlitz der Erde anders. Hier wären unzählige Menschen von körperlichen und seelischen Krankheiten geheilt worden. Man brauche nur jene zu beobachten, die die Botschaften angenommen hätten. Deshalb sehe er heute die Kirche und Gott anders. Gott habe sich ihm in einer ganz besonderen Weise geoffenbart. Hier entstehe die neue Kirche, die ein neuer Frühling sein werde und ein neuer Geist für unsere Zukunft.

In der Tat ist keine Marienerscheinung so gründlich untersucht worden – wie Pervan zum 25. Jahrestag festgestellt hat – wie die von Medjugorje. Aber nicht nur das. An keinem Erscheinungsort war so viel geballter kritischer Intellekt zugegen wie in Medjugorje, Männer, Priester von hoher Bildung, von beeindruckender charakterlicher Integrität, was allein in den von ihnen ertragenen Leiden seine Bestätigung findet.

Hinzu kommt das, was man in der katholischen Kirche den Glaubenssinn, d.h. die Zustimmung des Volkes nennt, die in der Kirche von Anfang an eine große Rolle gespielt hat. Dieser Sinn wurde bei der Vorbereitung der letzten Dogmen von den Päpsten berücksichtigt. Die Rufe gleich nach dem Tode Johannes Pauls II., „subito santo", waren von dieser Art. Das Volk, das erst aus allen Richtungen des kommunistisch beherrschten Staates Jugoslawien, dann aus Italien und langsam aus der ganzen Welt in Medjugorje zusammenströmte, hat von Anfang an erspürt, dass sich „Zwischen den Bergen" in der verlorenen und vergessenen Herzegowina der Himmel geöffnet hatte.

Was Menschen aus aller Welt an Opfern erbringen mussten, um nach Medjugorje zu kommen, konnte man oft beobachten. Es ließ einem den Atem stocken. Was sie an Hilfsbereitschaft und Aktionen für die leidenden Menschen auf dem Balkan während des Bürgerkrieges in den 90er Jahren und danach zustande gebracht haben, ist ohne Beispiel. Was sie daheim nach ihrer Rückkehr in Bistümern und Gemeinden an Zeichen und Vorbildern gesetzt haben, wurde von vielen Bischöfen in der Welt bezeugt. Was sie von Skeptikern, Ungläubigen und Rationalisten erdulden mussten, weiß Gott allein, aber es trägt seine reichen Früchte. Sie sind zum Zeichen in der Kirche und unter den Völkern geworden.

Kapitel VI

Anbetung

Die Anbetung hat in Medjugorje einen besonders hohen Stellenwert. Für viele Menschen, die sie dort miterleben, bedeutet diese Erfahrung eine tiefe Wende im Denken. Der Franziskaner Mate Dragicevic sagte mir, sie stehe oft am Anfang von Bekehrungen. Das verwundert. Also nicht Predigten, nicht gelehrte Vorträge oder Dialoge, nicht das Zeugnis der Seher, sondern der Anblick innig anbetender Menschen löst geistige Erdbeben aus.

Die Abendmesse am 22. Juni 2006, einem Donnerstag, war gerade zu Ende. Die Menschenmassen vor dem großen Außenaltar lösten sich langsam auf, da bemerkte ich von den hinteren Reihen aus, dass ganz vorn vor dem Altar Bewegung in die Pilger kam. Erst dachte ich, dass dort vielleicht Seher aufgekreuzt waren oder eine Heilung festgestellt wurde. Aber nichts dergleichen. Ich sah, wie im Chorraum ein Priester eine riesige Monstranz auf den Altar stellte mit einer großen weißen Hostie von der Größe eines Kinderkopfes, weithin sichtbar, ich sah, dass Menschen dorthin drängten, um dem ausgestellten Allerheiligsten möglichst nahe zu sein. Man wurde an Jesus erinnert, um den sich Scharen von Menschen drängten, wo immer er auftauchte. Schon damals wollten sie in seiner Nähe sein, wenn möglich sein Gewand berühren. Die Szene wiederholte sich hier: Die Menschen sehnen sich nach Tuchfühlung mit Gott.

Dann begann die Anbetung. Gebete in verschiedenen Sprachen wechselten mit sanften Gesängen. Musik und Gebet hängen eng zusammen. Neben mir saßen ein paar Ostasiaten, überall Menschen verschiedener Hautfarbe.

Sie beteten mit, jeder in seiner Sprache, manche auf den Knien, den Kopf bis auf die Erde geneigt. Man sah und spürte es: Sie schienen innerlich tief ergriffen, nahmen um sich herum nichts mehr wahr, ihr ganzer Körper war Anbetung. Hier konnte jeder der Sehnsucht seines Herzens nachgeben, nicht nur im Innern, sondern mit Leib und Seele ausdrücken, was ihn bewegte.

Das Buch der Offenbarung kam mir in den Sinn, wo es im fünften Kapitel heißt:

„Würdig bis du, das Buch zu nehmen und seine Siegel zu öffnen; denn du wurdest geschlachtet und hast mit deinem Blut Menschen für Gott erworben aus allen Stämmen und Sprachen, aus allen Nationen und Völkern. Und du hast sie für unseren Gott zu Königen und Priestern gemacht; und sie werden auf der Erde herrschen.

Ich sah, und ich hörte die Stimme von vielen Engeln rings um den Thron und um die Lebewesen und die Ältesten; die Zahl der Engel war zehntausendmal zehntausend und tausendmal tausend. Sie riefen mit lauter Stimme: Würdig ist das Lamm, das geschlachtet wurde, Macht zu empfangen, Reichtum und Weisheit, Kraft und Ehre, Herrlichkeit und Lob.

Und alle Geschöpfe im Himmel und auf der Erde, unter der Erde und auf dem Meer, alles, was in der Welt ist, hörte ich sprechen: Ihm, der auf dem Thron sitzt, und dem Lamm gebühren Lob und Ehre und Herrlichkeit und Kraft in alle Ewigkeit. Und die vier Lebewesen sprachen: Amen. Und die vierundzwanzig Ältesten fielen nieder und beteten an“ (Offb 5,9-14).

Die Szene im siebenten Kapitel wirkt wie eine mit Nachdruck vorgetragene Wiederholung:

„Danach sah ich: eine große Schar aus allen Nationen

und Stämmen, Völkern und Sprachen; niemand konnte sie zählen. Sie standen in weißen Gewändern vor dem Thron und vor dem Lamm und trugen Palmzweige in den Händen. Sie riefen mit lauter Stimme: Die Rettung kommt von unserem Gott, der auf dem Thron sitzt, und von dem Lamm. Und alle Engel standen rings um den Thron, um die Ältesten und die vier Lebewesen. Sie warfen sich vor dem Thron nieder, beteten Gott an und sprachen: Amen, Lob und Herrlichkeit, Weisheit und Dank, Ehre und Macht und Stärke unserem Gott in alle Ewigkeit. Amen“ (Offb 7,9-12).

War das, was ich jetzt hier zwischen den Bergen erlebte, spürte und sah, nicht ein wenig die Vorwegnahme jener gewaltigen Vision aus dem Buch der Offenbarung des Johannes, in dem von „allen Nationen und Stämmen, Völkern und Sprachen“ die Rede ist. Man sah mit den Augen des Geistes, was der Seher von Patmos so eindrucksvoll beschrieben hat: „Und alle Engel standen rings um den Thron.“ Die Anbetung in Medjugorje ist eine doppelte Prophetie, sie nimmt einmal die Situation des Christentums von morgen vorweg, das ein anbetendes Christentum sein wird, und sie deutet die Zeit jenseits unserer Zeit an.

Der Charakter der Mission ändert sich. Internet und christliches Fernsehen haben die Verkündigung bereits zum Teil übernommen. Die Zukunft der persönlichen Mission wird die Anbetung sein. Sie wird ausstrahlen, bewegen, überzeugen. Medjugorje zeigt es.

Lange konnte ich mich nicht losreißen, aber schließlich tat ich es doch, meiner Frau zuliebe, die Probleme mit den Beinen hatte. Zwischen knienden und gesammelten Menschen bahnten wir uns einen Weg in Richtung auf den hinteren Ausgang. Da hörte ich leise jemanden meinen Namen rufen. Ich schaute mich um. Es war eine junge Frau, die sich seit einiger Zeit als Pilgerleiterin in den Dienst Medjugorjes gestellt hatte. Wir wechselten ein paar Worte. Da erklang vom Altar her wieder eine Melodie, die jene Stimmung wiedergab, die über dem ganzen Platz herrschte: Dank, Ehrfurcht, Ergriffenheit und Verehrung.

Ich konnte nicht anders und beugte abermals die Knie. Meine Gedanken gingen zurück in die deutsche Heimat, in die Klinik, in der ich vor einem Jahr schwer erkrankt in meinem Umfeld – einen Abend ausgenommen – das Gefühl großer Einsamkeit, großer Gottferne erlebt hatte. Hier erfuhr ich das Gegenteil: Gottnähe und, was genauso wichtig war, um mich herum Menschen, die genauso empfanden. Ich konnte meine Gefühle nicht mehr zurückhalten und brach in tiefes Schluchzen aus. Die junge Frau, die neben mir betete, Anja Burkhardt, eine dichterische Natur, schickte mir später ein Gedicht, das sie früher schon verfasst hatte. Es gibt ein wenig jene innere Seelenlage wieder, in der ich mich an jenem Donnerstag vor dem 25. Jubiläumstag in Medjugorje, vor dem Allerheiligsten kniend, befand:

Eingehüllt von der Liebe Gottes – erfüllt vom Frieden Mariens –
umgeben von bergender Gemeinschaft – stehe ich hier;
staunend – sprachlos – überwältigt. Frage mich, wie mein Herz das alles fassen soll;
und spüre, wie es sich öffnet – weitet – um sich staunend – sprachlos – überwältigt –
und unendlich dankbar – beschenken zu lassen ...

Freier Zugang

Diese Anbetung am Donnerstag nach der Abendmesse ist einer der Höhepunkte im geistigen und mystischen Leben von Medjugorje geworden. Ihren Anfang in der heutigen Form hat sie vor mehr als zwanzig Jahren genommen. Durch das damals kleine Mädchen Jelena Vasilj gab die Madonna die Anregung, die Gemeinde möge einmal in der Woche zusammenkommen, um anzubeten. Das geschah zum ersten Mal am Donnerstag, dem 1. März 1984. Und an eben diesem Tag erhielt die Seherin Marija Pavlovic ihre erste so genannte Donnerstagsbotschaft. Sie hat folgenden Wortlaut: „Ich habe diese Pfarrei auf besondere Weise auserwählt und möchte sie führen. Ich behüte sie in Liebe und wünsche, dass ihr alle mein werdet. Ich danke euch, dass ihr heute abend meinem Ruf gefolgt seid. Ich wünsche, dass ihr immer, in immer größerer Anzahl, hier mit mir und meinem Sohn seid. Ich werde jeden Donnerstag eine besondere Botschaft für euch geben." Und eine Woche später, am 8.3.1984 sagte sie: „Bekehrt euch, ihr in der Pfarrei! So werden sich all jene bekehren können, die hierher kommen."

Die prophetische Ankündigung aus dem Jahre 1984 hat sich erfüllt. An jedem Donnerstag kann man es bestätigt sehen. Viele, die gekommen sind, haben eine Umkehr erfahren, und es werden von Monat zu Monat mehr. Welcher Zeichen bedarf es noch, um glauben zu können?

Anbetung bedeutet für den Menschen freien Zugang zu Gott. Gibt der Mensch sie auf, schließt sich für ihn das Tor zur Ewigkeit. Er bleibt allein in der Enge einer von der Materie begrenzten Welt. Hier lüftet sich uns auch ein wenig das Geheimnis um die Ursünde des Menschen. Als der Mensch nicht mehr seinen Schöpfer anbeten, sondern sich selbst ohne Ihn verwirklichen wollte, als er ohne Gott sein wollte wie Gott, berauscht von seinen Fähigkeiten, die Welt zu beherrschen, Anbetung mit Lustgewinn ersetzte, als er sich selbst mehr vertraute als Gott, ging ihm das Urvertrauen verloren und mit diesem die Geborgenheit. Er sah sich aus dem „Paradies" verbannt, verloren ging der Zustand der Harmonie zwischen Himmel und Erde. Er sah sich hinausgestoßen in die Unfruchtbarkeit der Wüsten und in das Dickicht des Dschungels, verwickelt in einen ständigen Kampf ums Dasein. An die Stelle des Vertrauens trat Misstrauen gegenüber den Naturgewalten, gegenüber anderen Lebewesen. Und an die Stelle der Geborgenheit trat Angst, Angst vor dem Tode, Angst vor dem Nichts. Anbetung ist ein wenig wie die Heimkehr ins Paradies.

„Der Übermensch"

Das 19. und das 20. Jahrhundert waren extreme Wiederholungen der Ursünde, mit allen sich daraus ergebenden unheilvollen Folgen. Und das 21. Jahrhundert versucht es allen bitteren Erfahrungen zum Trotz fortzusetzen. Sein wie Gott ohne Gott – beherrscht das Denken und Planen. In der Renaissance, im 15. und 16. Jahrhundert, hat es begonnen, aber seine Spitze in den letzten zweihundert Jahren erreicht. Friedrich Nietzsche (1844 – 1900) hat es auf die griffige Formel gebracht: Ich lehre euch den Übermenschen. Der irische Dramatiker Bernard Shaw (1856 – 1950) wollte es ähnlich tun. Und die Gedanken des sehr vergeistigten Inders Sri Aurobindo (1872 – 1950) gingen trotz aller Unterschiedlichkeit in eine ähnliche Richtung. Diese Männer stehen nur stellvertretend für andere Namen.

In der symbolischen Gestalt des persischen Religionsstifters verkündete Nietzsche in Versen seine Lehre vom Übermenschen. Er wollte damit den Nihilismus überwinden, der jeden Sinn bestreitet, sowohl was das Erkennen angeht als auch alle moralischen Werte. Aber ohne gesunde Motivation führen solche Absichten nicht selten zur Rückkehr der Verneinung durch die Hintertür. „Der Mensch ist Etwas", verkündete Nietzsche, „das überwunden werden soll. Was habt ihr getan, ihn zu überwinden?" Der Mensch ist ein Seil, Übergang und Untergang.

Von frömmelnden Frauen erzogen, warf er dem Christentum vor, Partei ergriffen zu haben für alle Schwachen, Niedrigen, Missratenen; es habe ein Ideal gemacht aus seinem Widerstand gegen die Erhaltungsinstinkte des starken Lebens. Zum Schluss wurde er selber ein Schwacher, Missratener. Erkrankt vermutlich an Syphilis, verfiel er dem Größenwahn und schließlich in geistige Umnachtung. Betrachtet man das im Lichte neuester Erkenntnisse über den Zusammenhang von Glauben und Heilung, so fällt die Schlussfolgerung umso tragischer aus.

Nicht ohne Einfluss dürften auf Nietzsche die Theorien des Engländers Charles Darwin (1809 – 1883) gewesen sein mit seiner Evolutionstheorie vom „Kampf ums Dasein", ein Loblied auf das Durchsetzungsvermögen der Stärksten und Brutalsten. Auch Darwin entwickelte seine Ideen zum Leidwesen seiner Frau am göttlichen

Urgrund vorbei, und seine Kinder wurden keineswegs zu Vorzeigeobjekten seiner Utopien.

Bei seinem Amtsantritt sagte Benedikt XVI.: Nicht von den Kreuzigern (d.h. den Mördern um jedes Preises willen) kommt Frieden, sondern vom Gekreuzigten (vom sich Aufopfernden)! In Anlehnung an diese Worte lässt sich sagen, nicht die Kreuziger, nicht die physisch Stärkeren wachsen zu höherem Menschsein heran, sondern die Gekreuzigten. Es ist der Gekreuzigte, der sich als Gottmensch geoffenbart hat und dem in Medjugorje Millionen auf dem nahe gelegenen Kreuzberg das ganze Jahr hindurch huldigen.

Friedrich Nietzsche war nicht der einzige und erste Prophet des Übermenschen. Vor ihm und zeitgleich mit ihm sind andere diesen verhängnisvollen Träumen vom Menschen verfallen. Der bekannteste dürfte der irische Dramatiker Bernard Shaw gewesen sein, ein romantischer Sozialist. 1903 veröffentlichte er den Titel *Mensch und Übermensch*. Auf der Bühne lässt er eine Schauspielerin ausrufen: „Einen Vater für den Übermenschen."

Beeinflusst war Shaw von dem Amerikaner John Humphrey Noyes (1811–1886), der im Staate New York eine Wohn- und Lebensgemeinschaft gegründet hatte. Sie nannte sich „Oneida Community". Aus dieser Gemeinschaft sollte der neu gezüchtete Übermensch hervorgehen. Großen Wert wurde in ihr auf Erziehung und Bildung gelegt. Aber am Ende erwiesen sich seine Pläne als nicht realisierbar.

Der Inder Sri Aurobindo (1872–1950) ist einen mehr vergeistigten Weg gegangen. 1920 veröffentlichte er in der Zeitschrift *Arya* einen Artikel unter dem Titel „Der Übermensch". Aber er sah ihn ein wenig anders und nannte ihn deshalb den „Menschen der integralen Selbsttranszendenz“, ein aufgeblähter Begriff, der nichts anderes meint als einen Menschen, der über sich selbst hinauswachsen wird und dabei alles Gute, Edle, alle Leiden, Hoffnungen, alles Wissen und alle Träume der Menschen in sich aufnehmen, verarbeiten und verinnerlichen und dann an die Menschheit zurückgeben wird. Dieser Übermensch wäre wie Gott.

Aurobindo wurde zum großen Guru. Nach seinem Tode übernahm eine Frau, Mirra Richard (1878–1973), Kind aus einer türkisch-ägyptischen Ehe, allgemein „The Mother“ genannt, die Aufgabe, seine Absichten in die Tat umzusetzen. In der Nähe der einstigen französischen Kolonie Pondicherry entstand mit ausländischer Hilfe ein Ashram, die internationale Stadt Auroville. Ihr Zentrum sollte ein spiralförmiger Hochbau sein, der Meditation und damit der Entwicklung eines höheren Bewusstseins dienend. 1978 habe ich die Stadt besucht. Zwischen Baracken und unfertigen Bauten sah man vereinzelte Menschen aus allen Ländern, die mit irgend etwas beschäftigt waren. Ich ging auf einen jungen Mann zu. Er schaute mich misstrauisch an, wie ein Geschöpf aus einer versumpften Welt, für ihn war ich offenbar ein noch Unerleuchteter.

Ein „bedeutender Mann“

Eine geniale Charakteristik hat der russische Mystiker Vladimir S. Solov'ev in seiner Kurzerzählung *Übermensch und Antichrist* gegeben, die im 21. Jahrhundert geschrieben sein könnte. Er trifft den psychologischen

Kern des Problems. Tatsächlich hat er seine literarische Figur, einen Übermenschen, auch in dieses Jahrhundert hineingestellt. Es ist wert, ihn in einigen Sätzen wörtlich zu zitieren:

„In jener Zeit trat unter den Gläubigen ein bedeutender Mann auf – viele hielten ihn für einen Übermenschen ... So ließ ihn sein klarer Verstand stets auch die Wahrheit des Glaubens erkennen, des Glaubens an das Gute, an Gottes Dasein und an die Offenbarung des Messias. Er glaubte an dies alles, aber er liebte nur sich selbst. Er glaubte an Gott, doch im Abgrund seines Herzens gab er sich selbst unwillkürlich und ohne sich darüber Rechenschaft zu geben, den Vorzug ...

Das Bewusstsein seiner hohen Würde war für ihn nicht eine sittliche Verpflichtung gegenüber Gott und der Welt, vielmehr ein Vorrecht gegenüber seinen Nächsten und vor allem gegenüber Christus. Nicht dass er von Anfang an Jesus gehasst hätte, nein, er anerkannte dessen messianische Berufung und Würde. In gutem Glauben sah er in Ihm nur seinen großen Vorläufer. Diesem von der Selbstliebe trunkenen Verstand blieb die sittliche Sendung und die einzigartige Erscheinung Christi unfaßbar ...

Er urteilte so: ‚Christus ist vor mir gekommen, ich komme als zweiter. Was aber in der Zeit nachfolgt, ist seinem Wesen nach übergeordnet. Ich komme am Ende der Geschichte, weil ich der vollkommene und endgültige Erlöser bin. Der erste Christus ist mein Vorläufer. Seine Aufgabe war, mir vorauszugehen und meine Erscheinung vorzubereiten.‘

Daher bezog der große Mann des einundzwanzigsten Jahrhunderts alles auf sich, was im Evangelium von der Wiederkunft des Herrn gesagt wird.“

Ohne große Mühe lässt sich diese geistige Einstellung bei manchen Größen in den Medien, hinter Lehrstühlen und politischen Ämtern erkennen.

Kurz vor Drucklegung dieses Buches wurde bekannt, dass zum Prediger für die Fastenexerzitien des Papstes und der Römischen Kurie im Jahre 2007 Giacomo Kardinal Biffi (78), emeritierter Erzbischof von Bologna, berufen wurde. Bei diesen Vorträgen knüpfte der für seine deutlichen Aussagen bekannte Kardinal ebenfalls an den russischen Philosophen Solov'ev an und erklärte: „Der Antichrist macht aus dem Christentum eine Ideologie und verhindert eine persönliche Begegnung mit dem Erlöser." Er präsentiere sich als Pazifist, Ökologe und Ökumeniker. Wörtlich zitierte er Solov'ev: „Für das Christentum werden Tage kommen, in denen versucht wird, die Erlösung zu einer Reihe von Werten zu reduzieren ... Die Massen werden ihm folgen – mit der Ausnahme kleiner Gruppen von Katholiken, Orthodoxen und Protestanten." Sie werden dem Antichristen zurufen: „Du gibst uns alles, mit Ausnahme dessen, was uns interessiert: Jesus Christus."

Diese kleinen Gruppen, die der russische Mystiker vorausgesehen hat, die allen modernen Verführungskünsten widerstehen oder ihnen den Rücken gekehrt haben, sie sind heute in Medjugorje anzutreffen. Dort suchen und finden sie an der Hand der Madonna den gekreuzigten, den wahren Messias, die menschgewordene Liebe, die niemand zu ersetzen vermag.

Wie ein dunkles Abbild des Solov'evschen Übermenschen nimmt sich Aleister Crowley (1875 – 1947) aus. Dieser stammte aus einer puritanischen Brauereifamilie in Südengland und erbte ein Vermögen. Schon als Kind fiel er in der Schule durch exzentrisches Verhalten auf. Als Bergsteiger, Mitglied verschiedener Freimaurerlogen und selbst ernannter Guru machte er ein Schloss am Ufer von Loch Ness in Schottland zu seinem Hauptsitz. Er identifizierte sich mit der Zahl 666, sie spielte in seinem Leben eine wichtige Rolle. Gern bezeichnete er sich als „To Mega Therion" – das Große Tier aus der Offenbarung des Johannes, und war über lange Jahre vom Heroin abhängig. Er begründete ein philosophisch-religiöses System, führte ein ausschweifendes Leben und richtete alle Frauen zugrunde, die sich mit ihm eingelassen hatten.

1925 wurde er auf der so genannten Weida-Konferenz in Deutschland zum Chefmagus oder Weltheiland ernannt. Die Konferenz, obwohl in sich zerstritten, verabschiedete ein Bekenntnis, in dem es u.a. hieß: „Der Lehrer der Welt, dessen Erscheinen für dieses Jahr verkündet war, den alle wahren Sucher erwartet haben, ist zur bestimmten Zeit in der Person des Meisters To Mega Therion – Aleister Crowly – erschienen."

Für manche gilt Crowley als Begründer des modernen Satanismus. In seiner Biographie *On the Wild Site* schreibt der Buchautor Martin Gardner: „Sein Ruf war der eines Mannes, der Satan anbetete, aber es ist wohl präziser zu sagen, dass er niemanden anbetete außer sich selbst."

Sein Werk und sein hemmungsloser Lebensstil sind für viele an destruktiven Lehren Interessierte eine Fundgrube. Es würde sich in diesem Zusammenhang kaum lohnen, ihn überhaupt zu erwähnen, wenn er nicht von Gruppen der 68er Generation und von bestimmten Musikern neu entdeckt worden wäre. Vor allem die Hippie-Bewegung (Blumenkinder) griffen seine Gedanken auf.

Zu nennen wären die Bands Black Sabbath oder Jimmy Page – Gittarist von Led Zeppelin. Letzterer erwarb sogar das Anwesen Boleskine in Schottland, in dem Crowley am Anfang des Jahrhunderts mit seinen magischen Praktiken begann.

Diese Musiker haben Millionen junger Menschen beeinflusst, sie wurden von ihnen – oft ohne es zu ahnen – für ihr ganzes Leben geprägt und programmiert. Nicht selten bis in die Kirchen hinein. Melodien, Klänge, Töne können Weichen für ein ganzes Leben stellen und oft bleiben falsche Weichenstellungen unkorrigierbar ein ganzes Leben hindurch, wenn nicht eine höhere Macht von oben heilend eingreift.

Wie hilfloses Gestammel nehmen sich die literarischen Träume Nietzsches gegenüber den Möglichkeiten des Gentechnik-Übermenschen aus. Künstlerischer Auftakt dazu war der Film *2001 – Odyssee im Weltraum*, den der englische Regisseur Stanley Kubrick in den Jahren von 1965 bis 1968 gedreht hat. Der Film beginnt mit der Frühzeit des Menschen oder Vormenschen und endet mit der Geburt des kosmischen Menschen im All, für den Vergangenheit, Gegenwart und Zukunft ineinander verschmelzen. Er wurde zur Vorlage für eine ganze Generation von Filmemachern, die allerdings in der philosophischen Aussage nicht an ihn herankamen. Als Berater holte man sich Hitlers Raketenkonstrukteur Wernher von Braun, der auch am Bau der Mondrakete „Saturn V" beteiligt war. In den 70er Jahren bin ich ihm einmal begegnet. Er konnte mir allerdings nicht in die Augen schauen und wich jedem Dialog aus.

In den 60er Jahren des 20. Jahrhunderts schien dem Menschen alles möglich, er begann alle Maßstäbe zu verlieren, wofür die Kulturrevolution der 68er nur ein Beispiel darstellt. Zu Beginn des 21. Jahrhunderts macht sich ein wenig Ernüchterung bemerkbar. Ziel und Versuchung bleibt dennoch der Übermensch aus dem Reagenzglas, der Homo superior. Vergessen wird, dass der Schöpfer den Menschen bei der Morgendämmerung seines Daseins eindringlich davor gewarnt hat, sich am „Baum des Lebens" zu vergreifen. Das würde für ihn – so hieß es – den Tod bedeuten. Am Baum des Lebens manipulieren ist die Versuchung, nach der Allmacht des Schöpfers zu greifen, nicht mehr Ihn anzubeten, sondern sich selbst zu verherrlichen.

Kaum zu übersehen ist, dass ein Jahrzehnt später auf dem Podbrdo in Medjugorje eine Frau aus der Ewigkeit heraustrat, um kommende Generationen vor den dunklen Mächten zu warnen, die ihre seelische Gesundheit bedrohen. Am 25. März 1988 sagte sie in einer Botschaft an Marija Pavlovic: „Vergesst nicht, dass euer Leben vergänglich ist wie eine Frühlingsblume, die heute wunderschön ist und von der man morgen nichts mehr weiß." Und etwa ein Jahr später, am 25. Januar 1989, ergänzte sie: „Betet, dass ihr für alles, was Gott durch euch tut, offen sein könnt und dass ihr Gott für alles in eurem Leben danken und euch über alles, was Er durch jeden einzelnen tut, freuen könnt."

Es ist ein Aufruf, nicht zu vergessen, dass der Mensch nur in engster Anlehnung an Gott dauerhaft schöpferisch sein kann. Nur Gott kann den Menschen dazu befähigen, über sich hinauszuwachsen, des Menschen Wille allein ist dazu nicht in der Lage, weder Gentechnik noch philosophische Träume.

In einem Interview am 25. Juni 1999 sagte die Seherin Marija Pavlovic: „Im Gebet sagen wir ja zu Gott, ja zum Leben. Menschliche Werte zählen nicht mehr, ja, Menschen versuchen sogar, einen neuen Menschen zu erschaffen. Das wird nicht ohne Auswirkungen bleiben. Der Mensch kann vielleicht einen neuen Menschen zustande bringen, doch er kann ihm keine Seele einhauchen. Er kann ihn nicht nach dem Ebenbild Gottes ins Leben rufen."

Wende

Medjugorje ist in der Tat die große Wende. In der Anbetung sucht der Mensch dort nach der letzten Geborgenheit, die ihm keine politische Verheißung zu geben vermochte, keine philosophischen Verführungskünste, keine magische Musik und keine schillernden Utopien, kein Übermenschenkult und kein Wohlstand. In der Anbetung findet er jenes Vertrauen wieder, das Sicherheit bedeutet gegenüber allen Fragen und Herausforderungen, denen er ständig von neuem ausgesetzt ist.

Die Anbetung eröffnet die Möglichkeit, sein verlorenes Selbst wieder zu finden. In der eucharistischen Anbetung steht der Mensch vor seinem Schöpfer, vor dem inkarnierten Gott. Es ist die Begegnung zweier Personen, des göttlichen Du mit dem erschaffenen Ich, das aus dem Nichts kam und zur Person wurde. Diesem Ereignis gegenüber verblasst alles andere. In den gesellschaftlichen Entwicklungen der letzten zweihundert Jahre, vor allem der letzten fünfzig Jahre, ist dieser Brennpunkt verloren gegangen. Die heranwachsenden Generationen haben ihn nicht mehr gekannt.

Ein Herzensanliegen war die Anbetung für einen prophetischen Mann, Josef Kentenich (1885 – 1968), Gründer der internationalen Schönstatt-Bewegung. Sie ist marianisch ausgerichtet. In den 30er Jahren widmeten sich einige Schwestern des von ihm gegründeten Säkularinstitutes der Anbetung. Es waren sechs, und sie pflegten die Anbetung rund um die Uhr. In Schönstatt, der Zentrale der Bewegung, wurde eine Anbetungskirche erbaut. Sinnigerweise verstarb Josef Kentenich, ein großer Pädagoge und Psychologe, ausgerechnet nach seiner ersten heiligen Messe in dieser Kirche. Er wollte darauf hinweisen, dass Maria und die Eucharistie zusammengehören.

Neben Kentenich waren es zwei weitere bekannte Persönlichkeiten, die eine hohe Meinung über die Anbetung vertraten. Eine von ihnen war der entschiedene Hitler-Gegner Alfred Delp, der kurz vor dem Ende des Zweiten Weltkrieges im Gefängnis hingerichtet wurde. „Brot ist wichtig", schrieb der Jesuitenpater vor seinem Tode, „Freiheit ist wichtiger, am wichtigsten aber ist die ungebrochene Treue und die unverratene Anbetung."

Die zweite Persönlichkeit war der Philosoph und Theologe Romano Guardini. Bei ihm heißt es: „In der Anbetung erneuert sich das Herz, reinigt sich der Geist, klärt sich der Blick, wird der Charakter verpflichtet. Es gibt nichts Wichtigeres für den Menschen, als dass er lernt und übt, sich mit dem inneren Sein vor Gott zu beugen – anzubeten."

Aber sie alle konnten den Verfall der Anbetungskultur in der katholischen Kirche in der zweiten Hälfte des 20. Jahrhunderts an der Basis nicht aufhalten.

In jüngster Zeit jedoch wird die „Anbetung" wieder entdeckt, vor allem durch Medjugorje. Nirgendwo anders in der Welt wird sie so gepflegt, steht sie so im Mittelpunkt wie dort. Die Donnerstagsanbetung ist nur die bekannteste. Daneben und an anderen Tagen steht sie dort zwischendurch immer wieder auf dem Programm. Und die geräumige Anbetungskapelle ist ohne Unterbrechung immer voll.

Oberhirten finden auch anderweitig wieder den Mut, an die Bedeutung der Anbetung für die Entwicklung des Menschen zu erinnern. Bei der Eröffnung eines Klosters der Ewigen Anbetung in Innsbruck im Herbst 2006 sagte der dortige Bischof Manfred Scheuer: „Menschen, die Gott anbeten, bringen zum Ausdruck: Gott ist mir Mitte und Zentrum." Bei nicht wenigen Menschen lasse sich heute eine Verweigerung und sogar Absetzung der Anbetung beobachten. Sie verweigerten damit am Ende die Anerkennung Gottes als Schöpfer.

Der Bischof nannte auch die Ursachen beim Namen, die der Anbetung im Wege stehen, die Gott ins Zentrum des Lebens stelle. Als erstes sei es die Tatsache, dass diese Mitte des Menschen von einem wuchernden Ich besetzt sei. Leid und das Böse, das die Menschen in der Welt erfahren, ersticke in ihnen jede Zustimmung zum Schöpfer. Hinzu komme das alles beherrschende Nützlichkeitsdenken.

In der Anbetung werde dagegen die Entscheidung für die geistige Ordnung des Lebens vollzogen, ein erster Schritt zur geistigen Gesundung und zu einem Neubeginn. Wer Gott anbete, sei von Gott und nicht von sich selbst fasziniert, nicht im Selbstmitleid verfangen und nicht in die eigene Traurigkeit verliebt. In Anbetung nachdenken heiße auch, gütiger zu werden. Sie setze einen Kontrapunkt gegen die Hastigkeit des Lebens, gegen den ständigen Wechsel, gegen die Vielfalt der Reize, gegen die Sucht nach ständiger Abwechslung. Anbetung stehe nicht in Konkurrenz zum Tun, sie werde vielmehr als Wahrnehmung der Gegenwart Gottes Voraussetzung für zwischenmenschliche Begegnungen.

Ähnlich äußerte sich der Bischof von Speyer, Dr. Anton Schlembach, am 30. Juni 2006 bei einem Pontifikalamt im Elsass. Der Mensch sei von Natur aus auf Anbetung angelegt, sagte der Oberhirte. Ein Mensch, der nicht anbete, komme nicht zu seiner eigentlichen Selbstverwirklichung. Wer das Geld anbete oder die Wissenschaft oder den Fußball oder einen Menschen, der pervertiere die Anbetung. Dies führe zur Selbstzerstörung des Menschen.

Die Worte dieser Oberhirten klingen wie ein fernes Echo von den Bergen von Medjugorje, zu deren Füßen die Anbetung zu Beginn eines neuen Jahrtausends ein unglaubliches Come-back feiert.

Angriff des Zeitgeistes

Anbetung ist der Gegenpol zum Angriff des Zeitgeistes auf die Identität des Menschen. Dieser Geist lockt mit Scheinidentitäten, Identität durch Macht etwa. In einem nachfolgenden Kapitel wird tiefer darauf eingegangen. Alle großen Diktatoren der letzten hundert Jahre, Josef Stalin, Adolf Hitler, Mao Tse-tung, Pol Pot waren Männer ohne authentisches Identitäsbewusstsein, in sich zerrissene Charaktere, die in Intrigen und äußeren Machtstrukturen Halt suchten, die in der Angst um den Verlust ihrer Herrschaft bereit waren, Millionen und

Abermillionen von Menschen zu opfern und auszulöschen. Sie endeten als seelenlose Ungeheuer.

Massenmedien und die dahinter stehenden Männer und Frauen versprechen im Sexkult, in der Pornographie, im Reichtum oder im Zynismus eine neue Identität und hinterlassen immer mehr menschliche Ruinen. Verdrängt wird, dass nichts im Leben mehr Tränen und Leid ausgelöst hat als unkontrollierte Sexualität. Dennoch geben die Medien Verhaltensweisen vor, die dazu verführen, diese zum Mittelpunkt in der Kunst, in der Literatur zu machen. Der rein triebhaft orientierte Mensch macht sich zum Zentrum. Eines der Merkmale, dass die Sinndeuter jeweils ihr Ziel erreicht haben, ist die oft fallende Bemerkung: „Das steht mir doch zu!“ Das Schlagwort von der Selbstverwirklichung, durch das u.a. Millionen von Frauen (nicht nur) um ihr wahres Wesen betrogen wurden, wird inzwischen eher belächelt.

In der Anbetung wird Gott wieder zum Adressaten, nicht das eigene Ich, nicht irgendein Geschöpf, kein Star oder Idol. Unübertroffen wird es in der Versucherszene beim Evangelisten Matthäus dargelegt: „Wieder nahm ihn der Teufel (Versucher) mit sich und führte ihn auf einen sehr hohen Berg; er zeigte ihm alle Reiche der Welt mit ihrer Pracht und sagte zu ihm: Das alles will ich dir geben, wenn du dich vor mir niederwirfst und mich anbetest. Da sagte Jesus zu ihm: Weg mit dir, Satan! Denn in der Schrift steht: Vor dem Herrn, deinem Gott, sollst du dich niederwerfen und ihm allein dienen. Darauf ließ der Teufel von ihm ab, und es kamen Engel und dienten ihm“ (Mat 4,8-11).

Die Anbetung Gottes trägt ihre Früchte. Engel stehen dem Menschen zu Diensten, mit anderen Worten: Mächte und Gewalten. In der Anbetung findet der Mensch sein wahres Wesen wieder als Gipfel der sichtbaren Schöpfung. Großes Wissen wird ihm zuteil, ihm wird bewusst, wer er ist, insofern ist Anbetung auch eine Sache der eigenen Identität. In der Anbetung des menschgewordenen Gottes entdeckt der Mensch sein wahres Selbst. Und erst dann kann er dieses sein Selbst „verwirklichen".

Sich öffnen

Anbetung hat etwas mit wahrer Existenz zu tun, im Gegensatz zur Scheinexistenz, zum nur Vegetieren. Anbetung ist Dialog „par excellence", wie die Franzosen sagen, die Höchstform eines Gespräches, die intimste Beziehung, die es geben kann. Im Gespräch mit einer Frau seiner Zeit, einer Samariterin, also nicht nur einer Ausländerin, sondern einer religiösen Abspalterin, hat Jesus es anschaulich erläutert, es ist der berühmte Wortwechsel am Jakobsbrunnen:

„Die Frau sagte zu ihm: Herr, ich sehe, dass du ein Prophet bist. Unsere Väter haben auf diesem Berg Gott angebetet; ihr aber sagt, in Jerusalem sei die Stätte, wo man anbeten muss. Jesus sprach zu ihr: Glaube mir, Frau, die Stunde kommt, zu der ihr weder auf diesem Berg noch in Jerusalem den Vater anbeten werdet. Ihr betet an, was ihr nicht kennt, wir beten an, was wir kennen; denn das Heil kommt von den Juden. Aber die Stunde kommt, und sie ist schon da, zu der die wahren Beter den Vater anbeten werden im Geist und in der Wahrheit; denn so will der Vater angebetet werden. Gott ist Geist, und alle, die ihn anbeten, müssen im Geist und in der Wahrheit anbeten. Die Frau sagte zu ihm: Ich weiß, dass der Messias kommt, das ist: der Gesalbte (Christus). Wenn er kommt, wird er uns alles verkünden. Da sagte Jesus zu ihr. Ich bin es, ich, der mit dir spricht“ (Joh 4,19-26).

Anbetung ist keine Sache des Ortes. Über Jahrtausende kannte der Mensch das Beten und das Anbeten nur in Tempeln, in heiligen Hainen, auf heiligen Bergen. Jesus zieht darunter einen Schlussstrich. Für ihn ist Anbetung etwas ausschließlich Personales, ein Gedankenaustausch zwischen Personen, etwas, was in den Bereich des Geistes gehört, Anbetung ist im eigentlichen Sinne ein sich vorbehaltloses Öffnen dem Göttlichen gegenüber. Das geschieht in der Eucharistischen Anbetung, dem großen Mysterium der Inkarnation Gottes.

In den letzten Jahrzehnten wurde mehr und mehr versucht, von außerhalb und bisweilen von innen, die Kirche zu einer sozialen Einrichtung, zu einer Dienstleistung beziehungsweise zu einem Wohltätigkeitsverein zu machen. In einer katholischen Gemeinde wunderte sich eine nicht praktizierende, in einer außerehelichen Beziehung lebende Mutter, dass der Pfarrer Bedenken äußerte, ihrem Kinde die Taufe zu erteilen. Empört meinte sie: „Das Kind hat einen Anspruch darauf.“ Das ist eine totale Verkennung der Taufe, um die man bittet, die man nicht einfordern kann.

Gott gegenüber kann der Mensch keine Ansprüche äußern. Alles, was er von Gott empfängt, ist Gnade. Kirche ist keine pure Lebenshilfe, in ihrer Mitte steht die Anbetung. Wenn der Mensch sich dieser verweigert, verliert seine Zugehörigkeit zu dieser Gemeinschaft ihren eigentlichen Sinn. Die so genannte Postmoderne fördert die Selbstabschottung des Menschen. Anbetung ist das

Gegenteil, das Heraustreten des Menschen aus der Sackgasse des eigenen Ichs, die Kehrtwende aus der tödlichsten Einbahnstraße des Lebens, kein Fordern, sondern ein Geben.

Anbeten in der Wahrheit heißt, frei von ablenkendem Wunschdenken zu sein, von offenem und von unterschwelligem. Vor dem sich aufopfernden Gott muss der Mensch beschämt den letzten Hauch von Geschäftssinn hinter sich lassen. Der Dialog mit dem Ewigen Du ist ein Gespräch jenseits der Spielregeln von Geben und Nehmen. Gott schenkt sich ganz, vorbehaltlos. Er darf erwarten, dass der Mensch sich ebenso vorbehaltlos zurückgibt.

Seligkeit

Darum ist Anbetung Seligkeit. Die Vereinigung von Mann und Frau in liebender Umarmung, die Geburtsstunde eines neuen Lebens, ist mit Seligkeit verbunden. Das ist gottgewollt. Dieses Glück gilt, sofern reine Sinnlichkeit sie nicht trübt, als das menschlich höchste erfahrbare in diesem Leben. Aber es ist nicht einmal ein blasser Schatten jener Seligkeit, die den Menschen überflutet bei der Begegnung mit dem Ewigen Du. Diese kennt keinen Vergleich im Bereich der menschlichen Erlebniswelt. Sie ist daher in keiner Weise mitteilbar. Den Tod erlebt der Mensch im tiefsten Innersten allein, vollkommen auf sich zurückgeworfen, auch der ihm am nächsten stehende Mensch kann ihm nur bis zu einer bestimmten Schwelle folgen.

So erlebt der Mensch auch die Seligkeit der Anbetung

allein. Kein Psychologe, kein Arzt, kein Seelsorger, kein Geliebter, keine Geliebte, weder Vater noch Mutter, Sohn noch Tochter können sie nachvollziehen. Was sie wahrnehmen, sind äußere Ausdrucksweisen, ein gesammeltes, ein schönes, ein verklärtes Gesicht. Wer einmal das Antlitz einer Seherin, eines Sehers während der Erscheinung aus allernächster Nähe beobachten konnte, war beeindruckt von der Schönheit des Gesichtes, ein zarter Spiegel dessen, was sich in der Seele des Visionärs abspielen muss. Der Kern dessen, was er an Seligkeit erlebt, bleibt ihm und Gott vorbehalten.

Anbetung erfüllt deshalb mit Seligkeit, weil sie Liebe ist. Liebe sucht nach Vereinigung, nach Verschmelzung. Und je geistiger sie ist, umso intensiver ist sie und daher umso beglückender. Was Menschen bei der Anbetung in Medjugorje vorwegnehmen, ist ein Hauch von ewiger Seligkeit. Darin liegt die Antwort auf die Frage, warum es viele immer wieder zu dieser Stätte hinzieht, Menschen, die dort nicht nur oberflächlich, ein paar Stunden waren, sondern länger verweilten und die geistige Atmosphäre einatmen durften. Würde dieses Klima die ganze Weltkirche erfassen, die Auswirkungen für unseren Erdball wären unausdenkbar. Der Blaue Planet würde zum anbetenden Planeten, und dies könnte die Grundfesten des Universums nicht unberührt lassen.

Kapitel VII

Schuld und Sühne

Steil und steinig

Bereits am folgenden Tag nach unserer Ankunft in Medjugorje beschloss die Gruppe, den Kreuzberg – Krizevac genannt – zu besteigen. Um fünf Uhr in der Frühe sollten sich alle am Fuße des Berges einfinden. Der Aufstieg des 520 Meter hohen Berges ist steil und steinig. Über einzelne Felsen muss man regelrecht klettern. Oft hilft man sich gegenseitig, um einen Felsvorsprung zu überwinden. Fünfzehn Bronzerelieftafeln mit dem Kreuzweg Jesu weisen den Weg nach oben. Viele Menschen gehen ihn barfuß. Es könnten dreißig Millionen sein, die ihn in den letzten 25 Jahren bestiegen haben, Menschen von überall her, vom frühen Morgen bis spät in die Nacht hinein, und manche auch nachts.

Meine Frau hatte nicht die Kräfte, sich anzuschließen. Sie wollte mir das Versprechen abnehmen, nur bis zur zweiten Station zu gehen und dann umzukehren. Ich schwieg. Immerhin hatte bei einem Aufstieg Dr. Slavko Barbaric, oben angekommen, am 24. November 2000 vollkommen überraschend sein Leben ausgehaucht. Er war erst 54 Jahre alt. Ein wunderschöner Tod, Krönung eines Lebens, das sich aufgerieben hatte im Dienste der Botschaften von Medjugorje.

Ich hatte eine tödliche Krankheit hinter mir und war um viele Jahre älter. Ob Professor Höffkes mir erlaubt hätte, dieses Wagnis einzugehen, wenn er gewusst hätte, auf welches geistige Abenteuer ich im Begriff war, mich einzulassen, erschien mir hier zweifelhaft. Würde ich den Gipfel erreichen oder sollte sich dort oben erfüllen, was ich im Klinikum in Fulda vor Augen gehabt hatte?

Neben mir und um mich herum waren stets drei kräftige Männer, peinlich darauf bedacht, mich zu stützen, wenn notwendig, oder mir etwas zu trinken zu geben. Jeder Schritt kostete eine große Überwindung. An jeder Tafel erwarteten die Pilger ein paar Worte der Erbauung und Ermunterung. Deshalb waren sie ja mitgekommen. Ab und zu zogen andere Pilgergruppen an uns vorbei. Seltsamerweise musste ich jedoch nicht ein einziges Mal ausruhen.

Endlich sah man das wuchtige, neun Meter hohe Betonkreuz, das den Berg krönt. Wir hatten es fast geschafft. 1933 wurde es von der Gemeinde unter ihrem damaligen Pfarrer P. Bernardin Smoljan errichtet. In jenen Jahren musste man das Material ohne irgendwelche technischen Hilfsmittel auf den Schultern auf die Höhe tragen. Der heroische Opfergeist jener Generation lässt sich nur erahnen. Ein eigenartiges Gespür muss sie beflügelt haben. Kaum ahnen konnten sie, welche Bedeutung gerade dieses Kreuz einmal für die Kirche in der Welt und für die Menschheit haben sollte. In das Kreuz eingraviert wurden die Worte: „Jesus Christus, dem Retter des Menschengeschlechtes, als Zeichen ihres Glaubens, ihrer Liebe und ihrer Hoffnung zur Erinnerung an den 19-hundertsten Jahrestag des Leidens Jesu."

Ehe wir die letzten hundert Meter zum Kreuz zurücklegen konnten, machten wir an der Gedenktafel halt, die an der Sterbestelle von Pater Slavko errichtet worden war. Ich musste an unsere letzte Begegnung im Tagungssaal der Deutschen Bischofskonferenz in Fulda denken, am 7. Oktober des Jahres 2000, sieben Wochen vor seinem Tode, bei der er sich von meiner Frau und mir verabschiedete und ankündigte, er werde nie mehr nach Deutschland zurückkehren. Vor einem großen Gremium dankte er mir für die beiden über Medjugorje verfassten Bücher in Worten, die mir den Atem verschlugen. Sie hätten den Kern der Spiritualität dieser Stätte getroffen. Als ich das [illegible] nicht gelten lassen wollte und ihn als den eigentlichen Kenner von Medjugorje bezeichnete, sagte er nur kurz: „Ich bleibe dabei, Ihre Bücher sprechen für sich.“ Auch andere hatte diese Äußerung aufhorchen lassen. Als wir das Haus verließen, es war ein sternenklarer Himmel, traten auf der Straße zwei junge Priester auf mich zu und baten um den Segen für ihre Arbeit, einer im fernen Russland. Er müsse, so versicherte er, den Worten von Pater Slavko zustimmen, denn auch er sei von dem Buch „Medjugorjes Botschaft vom dienenden Gott“ sehr geprägt worden. Darin liege ein Grund für seine Entscheidung, in den Osten zu gehen.

Warum wurde Slavko Barbaric in die Ewigkeit abberufen und warum musste ich bleiben, fragte ich mich an dieser Stelle, an der er sein irdisches Leben aushauchte. Er hätte der Welt noch so viel zu sagen gehabt und noch vielen Menschen Orientierung geben können, die in Medjugorje einen Neuanfang für ihr Leben suchen. „Atheismus ist die größte Sünde“, hatte er mir einmal in einem unserer ersten Gespräche gesagt. Ganz verstanden habe ich diese Worte erst, als ich den Tod vor Augen hatte und um mich herum tragische Schicksale der Hoffnungslosigkeit beobachten musste. Einen Tag nach seinem Tode sagte die Gottesmutter in einer Botschaft: „Euer Bruder Slavko hält bereits Fürsprache für euch bei Gott.“ Also bat ich ihn um seinen Beistand. Er wusste jetzt besser als ich, wofür ich ihn brauchte.

Betender Berg

Der Kreuzberg von Medjugorje ist ein betender Berg geworden. Er läutet das Ende eines Christentums ein, das sich inzwischen als Cafeteria-Christentum diskreditiert hat, das heißt ein Glaube, der in den letzten Jahrzehnten in der Kirche um sich gegriffen hat, eine Religiosität nach eigenem Geschmack und Gutdünken, in der die Sünde und die Möglichkeit verneint wird, sich an Gott vorbei zu entscheiden – für immer.

Die Sünde hat in der Botschaft des Evangeliums eine zentrale Bedeutung. Darunter versteht sie das selbstverschuldete Getrenntsein von Gott, zustande gekommen durch konkrete Verfehlungen gegen die Gebote Gottes. Der Schöpfer wollte und will eine vertrauensvolle Beziehung zum Menschen, die Sünde macht sie zunichte. Sie zerstört auch die Beziehung zum Mitmenschen. Sünden haben die Neigung, immer weitere nach sich zu ziehen. Auf eigene Faust ist der Mensch nicht in der Lage, sich von ihnen zu lösen.

Durch Sühne macht der Mensch eine Kehrtwendung, er zeigt, dass er sich mit Gott versöhnen will. Sühne stellt die Harmonie, das ethische Gleichgewicht wieder her. Das gilt auch dem anderen Menschen gegenüber. Da das Prinzip Sühne in der menschlichen Gesellschaft verdrängt und aufgelöst wurde, der postmoderne Mensch sie sogar als inhuman empfindet, werden die zwischenmenschlichen Beziehungen immer mehr vergiftet, das Böse relativiert und verharmlost. Die Welt wird nicht nur immer weniger göttlich, sie wird immer weniger menschlich, der Sühnetod Jesu wird für den Zeitgeist immer unverständlicher.

Auf dem Kreuzberg in Medjugorje haben Millionen Menschen durch ihr Bekenntnis – zum Teil barfuß und mit blutenden Füßen – Schuld und Sühne wieder den richtigen Stellenwert gegeben und damit dem Erlösungswerk Jesu. Zur Sühne gehört Bekenntnis und Reue. In Verbindung mit dem Opfer Jesu am Kreuze erlangt der Mensch Vergebung. Christentum an der Bar kann Vergebung nicht gewähren, diskutierendes Christentum wird leicht zum Gegenteil seiner selbst. Eine Mutter Teresa von Kalkutta werden ist schwer. Aber das ist Christentum im Sinne Jesu.

„Wer mein Jünger sein will, der verleugne sich selbst, nehme täglich sein Kreuz auf sich und folge mir nach" (Lk 9,23). Diese Aufforderung Jesu lässt keine Zweideutigkeiten zu. Jesus ruft zur Nachfolge auf. Die ersten Christen haben sie sehr ernst genommen. Nach einem Verhör vor dem Hohen Rat im Tempel zu Jerusalem ließ dieser einige Jünger Jesu auspeitschen. In der Apostelgeschichte heißt es dazu: „Dann verboten sie ihnen, im Namen Jesu zu predigen, und ließen sie frei. Sie aber gingen weg vom Hohen Rat und freuten sich, dass sie gewürdigt worden waren, für seinen Namen Schmach zu erleiden. Und Tag für Tag lehrten sie unermüdlich im Tempel und in den Häusern und verkündeten das Evangelium von Jesus, dem Christus" (Apg 5,41-42).

Dieser Ernst um die Nachfolge dürfte ein Grund dafür sein, warum die so genannten Spätdatierer, die einer Entstehung der Evangelien Jahrzehnte nach dem Tode Jesu das Wort reden, ihn über literarische Schönheitsoperationen dem Geschmack einer auf Genuss und Konsum orientierten Gesellschaft anpassen wollen und dabei vor brutalen Geschichtsfälschungen und willkürlichen Interpretationen nicht zurückschrecken. Pilger, die oft unter großen Mühen betend und meditierend den Kreuzberg besteigen, legen dagegen ein Bekenntnis zum historischen Jesus ab, ohne Wenn und Aber. Und es dürfte kein Zufall sein, dass Slavko Barbaric, ein leidenschaftlicher Verteidiger der Botschaft von Medjugorje, auf dem Gipfel des Kreuzberges sein irdisches Leben beendete. Diesen hatte er so oft – meistens allein – bestiegen, nicht selten noch vor der heiligen Messe, die er um 7.30 Uhr mit seinen Mitbrüdern in der Pfarrkirche feierte. Er hatte sich ganz mit dem Gekreuzigten identifiziert.

Sündenbewusstsein

Zu den großen historischen Ereignissen des auslaufenden 20. Jahrhunderts zählt der Zusammenbruch des kommunistischen Systems Anfang der 90er Jahre, dem renommierte Politologen noch 1986 bei einem Treffen in der Schweiz ein Dasein bis weit in das 21. Jahrhundert vorausgesagt hatten. Was noch nicht ganz in das Bewusstsein der christlichen Welt eingedrungen ist, ist der gleichzeitige Zusammenbruch des moralischen Systems in der westlichen Welt. Dieser hat sich schleichender vollzogen und schon in der Mitte des Jahrhunderts, nach dem Zweiten Weltkrieg, eingesetzt. Am 26. Oktober 1946 klagte bereits Papst Pius XII.: „Die Sünde des 20. Jahrhunderts besteht darin, dass es den Sinn für die Sünde verloren hat.“

Später ist die Entwicklung weiter gegangen. Nicht nur der Sinn für das Böse ging verloren, die Sünde wurde und wird immer offener verneint. Heute gibt es weltweit kaum ein Sündenbewusstsein mehr. Gerade in der Ökologie lässt man sie noch gelten, wenn man von Umweltsünden spricht, ein Widerspruch in sich.

1984 legte die Madonna in ihrer Botschaft vom 29. März den Finger auf diese Wunde: „Auf besondere Weise möchte ich euch heute Abend einladen, in Versuchungen standhaft zu sein. Denkt nach, wie der Allmächtige auch heute noch wegen eurer Sünden leidet. Und wenn ihr leidet, so bringt es Gott als Opfer dar." Sie erinnerte also nicht nur an die Existenz der Sünde überhaupt, sondern auch daran, wie sehr diese die Beziehungen des Menschen zum Schöpfer belastet.

Und am 8. Oktober des gleichen Jahres bekräftigte sie diese Klage gegenüber dem Seher Jakov: „Alle Gebete, die ihr abends zu Hause betet, betet für die Bekehrung der Sünder, weil die Welt sich in großer Sünde befindet. Betet jeden Abend den Rosenkranz!" Eine der größten Sünden ist es also, die Sünde überhaupt zu verneinen, was Pius XII. gleich nach dem Zweiten Weltkrieg beklagt hatte.

Sechzehn Jahre später, am 25. Februar 2000, kam sie noch einmal darauf zurück: „Erwacht aus dem Schlaf des Unglaubens und der Sünde, denn dies ist eine Zeit der Gnade, die euch Gott gibt. Nützt diese Zeit und bittet Gott um die Gnade der Heilung eures Herzens." Die Madonna spricht behutsam von „Schlaf". Aber ist es nicht weit mehr als das? Hat die Verneinung eines Gottes, dem man sich verantwortlich weiß, die Verneinung der Sünde, nicht einen Zerfall des gesamten gesellschaftlichen Lebens zur Folge, den Zerfall von Ehe und Familie, von Freundschaften und Treue, den Verfall von Liebe überhaupt. Der Mensch hat verlernt, was Liebe ist, er kennt nur noch den Sumpf sinnlicher Enthemmung, die er meint, selber absegnen zu dürfen.

Ein Zeichen für das dennoch wieder erwachende Sündenbewusstsein bei den Menschen durch Medjugorje sind die belagerten Beichtstühle an der Gebetsstätte. Sie wird inzwischen als Beichtstuhl der Welt bezeichnet. In der Beichte bekennt der Mensch, schuldig geworden zu sein. Wo aber das Bewusstsein von Schuld und Sünde da ist, dort erwacht auch die Sehnsucht nach Erlösung, nach dem Erlöser.

Es ist schwer, an dieser Stelle nicht das Zeugnis des amerikanischen Erzbischofs Harry J. Flynn gerade zu diesem Thema zu erwähnen. In Erwartung eines endgültigen Urteils aus Rom pflegen die meisten Bischöfe sich mit öffentlichen Äußerungen über Medjugorje eher zurückzuhalten. Der Oberhirte von Minneapolis, nördlich von Chicago (3,5 Millionen Einwohner, darunter 750.000 Katholiken), hat diese Gepflogenheit durchbrochen. Nach einem Besuch Anfang Oktober 2006 hat er in seinem Bistumsblatt *The Spirit* über seine Eindrücke berichtet. Es scheint angebracht, an dieser Stelle einige Gedanken aus diesem Bericht festzuhalten.

„Vor einigen Jahren, es war 1988", schreibt der Erzbischof, „hatte ich mit sieben weiteren Bischöfen meinen ersten Besuch beim Heiligen Vater. Wie bei Johannes Paul II. üblich, waren wir zum Abendessen geladen. Während die Suppe serviert wurde, fragte mein Mitbruder den Papst: ‚Heiliger Vater, was denken Sie über Medjugorje?' Der Heilige Vater löffelte weiter seine Suppe und antwortete: ‚Medjugorje? Medjugorje? Medjugorje? Nur gute Sachen laufen in Medjugorje ab. Die Menschen beten dort. Menschen gehen zur Beichte, sie beten vor dem Allerheiligsten, sie bekehren sich zu Gott. Alles in allem, nur gute Sachen scheinen in Medjugorje abzulaufen.' Damit war die Diskussion beendet, und wir wandten uns anderen Themen zu.

Nun hatte ich vor zwei Wochen Gelegenheit, Medjugorje zu besuchen. Ein seit 50 Jahren guter Freund hatte seit langem den Wunsch, dort hinzugehen. Zum Glück hatten wir Kontakt mit einer Frau aus Minneapolis, die mit einer Gruppe gerade ihre 100. Wallfahrt nach Medjugorje machte. Nach so vielen Besuchen ist sie natürlich in der Gemeinde gut bekannt. Das war sehr hilfreich für uns.

An einem Freitagnachmittag kamen wir an. Es dürften zum Wochenende 30.000 bis 40.000 Menschen da gewesen sein. Sie alle haben mich beeindruckt. Sie kamen aus der ganzen Welt – aus den Ländern Europas, den Vereinigten Staaten, Irland, Kanada und den Philippinen, hauptsächlich jedoch aus Italien.

Am Samstagmorgen waren wir dabei, als einer der Visionäre sprach, und ich muss sagen, dass alles, was er gesagt hat, sehr solide war. Als jemand nach der Handkommunion fragte, antwortete er einfach und direkt: ‚Tun Sie, was die Kirche erlaubt zu tun, dann liegen Sie immer richtig.' Der große Augenblick war, als ich die Beichten miterlebte, von 10.00 Uhr bis 22.30 Uhr. 46 Priester nahmen sie in verschiedenen Sprachen ab. Was für eine große Gnade für einen selber. Die Menschen kehren zu Gott zurück.

Ich ging umher und entlang der Reihen. 26 feste Beichtstühle und 20 provisorische, auch am Sonntagvormittag von 5.00 Uhr bis 8.30 Uhr. Ich nahm die Beichte in Englisch ab, es war für mich eine wundervolle Erfahrung.

Eine Erbauung war die Kapelle der Ewigen Anbetung. Still kamen die Leute, um den Herrn in der Eucharistie zu verehren und zu beten. Alles lief so diszipliniert und friedlich ab, auch bei den Gruppen, die auf den Straßen und auf den Bergen den Rosenkranz beteten. Ich habe die heilige Messe um die Mittagszeit zelebriert, in Englisch. Die Kirche war packend voll. Und dann standen noch Menschen außerhalb an allen drei Seiten der Kirche, von wo aus man die Messe über Lautsprecher verfolgen kann. Und wieder war ich von dem Glauben dieser Menschen tief bewegt.

In den Pilgern von Medjugorje liegt etwas von der Sehnsucht des Ignatius von Antiochien, Schüler Johannes des Evangelisten, seit 68 n. Chr. Bischof, der in seinem Brief an die Römer geschrieben hat: ‚In mir ist ein lebendiges Wasser, das im tiefsten Innersten sagt: Komm zum Vater!' Sie bezeugen es durch ihre Liebe zu Maria, durch ihre Liebe für Jesus." So weit der Oberhirte aus den Vereinigten Staaten.

Kosmische Dimension

Nicht zuletzt dank der Erkenntnisse in den Naturwissenschaften sollte der Mensch sich der wechselseitigen Abhängigkeiten aller Dinge im Kosmos bewusst sein, sowohl was die gewaltigen Dimensionen des Universums betrifft als auch den Mikrokosmos, bei den Atomen und Molekülen. Zu meinen, der Mensch als denkendes Wesen könne sich davon ausklammern, leuchtet nicht ein.

Bei der verheerenden Flutkatastrophe im Dezember 2004 in Südostasien haben Forscher auf der Inselgruppe der Andamanen und der Nikobaren, die zwischen Thailand und Indien liegt, eine aufschlussreiche Entdeckung gemacht. Unter den Siedlern vom indischen Festland, Soldaten und Touristen, wurden 800 Tote registriert. Überlebt haben die Ureinwohner, die noch eng mit ihrer natürlichen Umgebung verbunden leben. Ähnliches wurde von den wilden Tieren berichtet.

Das Getöse wild lebender Elefanten, die sich in das Innere und auf Anhöhen zurückzogen, das Geschrei der Vögel, das merkwürdige Verhalten von Eidechsen und sogar Ameisen – so berichteten Forscher – habe auch Ureinwohner gewarnt. Offensichtlich hätten Delphine sich in Sicherheit bringen können, indem sie in größeren Tiefen Schutz gesucht haben. In der Wildnis lebende Tiere seien besonders feinfühlig gegenüber Veränderungen in der Natur, erklärten Fachleute. Auf Sri Lanka sei kein einziger Elefant, kein Leopard ums Leben gekommen, obwohl die Fluten bis zu drei Kilometer tief in einen Nationalpark eindringen konnten.

Die moralische Haltung des Menschen bleibt nicht ohne Folgen auf die Natur. Der Mensch ist der Gipfel des Schöpfungsgeschehens. Die enge Beziehung zwischen dem Kosmos und der menschlichen Seele können wir erahnen. Schlussfolgerungen drängen sich geradezu auf. Wenn von Erdbeben und Sonnenfinsternis beim gewaltsamen Tode des Gottmenschen Jesus berichtet wird, so scheint das einleuchtend. Unordnung in der menschlichen Seele überträgt sich auf die Umwelt, auf die Natur, oft sichtbar auf Tiere.

Die Inder sind in dieser Erkenntnis bereits weiter. 1984

suchte ich in Bangalore im Süden Indiens den indischen Maler Jothi Sahi auf, um ein Bild von ihm zu erwerben. Zufällig hatte er eines zur Verfügung. Es stellt die Taufe Jesu im Jordan dar. Als er es mir überreichte, erklärte er dazu, er habe versucht einzufangen, dass Jesus bei der Taufe als Mensch die kosmische Dimension der Menschwerdung vor Augen gehabt habe.

Wenn Menschen seit nunmehr vielen Jahren Tag und Nacht auf dem Krizevac in Medjugorje beten, sühnen und büßen, so muss das eine kosmische Dimension haben, denn der Mensch ist Teil des Universums, das sich in ständiger Bewegung befindet. Dort wird ein Teil der gestörten moralischen Ordnung dieser Erde korrigiert. In der Botschaft der Madonna vom 25. Mai 1990 heißt es: „Ich bin mit euch und möchte euch helfen, in Entsagung und Abtötung zu wachsen, damit ihr die Schönheit der Menschen begreifen könnt, die sich mir auf besondere Weise schenken.“ Schönheit ist demnach die Folge eines harmonischen und geordneten Lebens.

Unordnung bewirkt das Gegenteil. Darauf hat sie ein Jahr später hingewiesen (25.1.1991): „Euer Gebet sei ein Gebet um den Frieden! Satan ist stark und möchte nicht nur Menschenleben zerstören, sondern auch die Natur und den Planeten, auf dem ihr lebt. Deshalb, liebe Kinder, betet, damit ihr euch durch das Gebet mit dem Gottes-Segen des Friedens schützt.“

Pandemie

Zu den großen Themen von Medjugorje gehört das Fasten. Bereits in der ersten Woche nach dem Beginn der Erscheinungen hat die Frau aus der Ewigkeit die Seher um das Fasten bei Wasser und Brot gebeten. Das war Mitte des Jahres 1981. Fasten gehört zu den fünf Hauptbotschaften von Medjugorje.

Berücksichtigt man den Zeitpunkt des Aufrufs, den historischen Hintergrund, die geschichtliche Entwicklung, die in der ganzen Menschheit eingesetzt hat, die Situation nach 25 Jahren, so erkennt man gerade bei diesem Thema, dass es sich bei Medjugorje um eine große Prophetie handelt.

1981 setzte das ein, was 25 Jahre später, im Jahre 2006 auf einem internationalen Kongress in Sydney, der 2.000 Fachleute aus aller Welt zusammengebracht hat, als Pandemie bezeichnet wurde. Die Weltgesundheitsorganisation WHO sprach kurz zuvor noch von der „Epidemie des 21. Jahrhunderts". Der Kongress in Australien gab sich damit nicht zufrieden und ging weiter. Pandemie, ein Wort, das aus dem Griechischen kommt, (pan = alles, demos = Volk) heißt, dass die ganze Weltbevölkerung betroffen ist. Und es geht um nichts anderes, als um die Zunahme übergewichtiger Menschen in einem Ausmaß, das alle bisher gekannten Katastrophen in den Schatten stellen könnte. In den Jahren von 1980 bis 1990 nahm der Anteil der Fettleibigen in den USA um 30 Prozent zu, also genau zu jener Zeit, als von Medjugorje aus der Ruf an die ganze Menschheit erging, Verzicht zu üben, um die schleichende Selbstzerstörung durch Maßlosigkeit abzuwenden.

Übergewicht ist in der westlichen Überflussgesellschaft lange verharmlost worden. Aber die Zahl der Betroffenen dürfte in wenigen Jahren mehr als 1,7 Milliarden betragen. Das wäre jeder dritte Erdbewohner. Zum Vergleich, die Zahl der Unterernährten und Hungernden beträgt 800 Millionen, also 900 Millionen weniger. Übergewicht und Fettleibigkeit sind keine Krankheiten, von denen man heimtückisch überfallen wird. Es ist ein schleichendes Monster, das lange nicht wahrgenommmen, dann verdrängt oder verniedlicht wird. Und es hängt zusammen mit der gesamten Lebenseinstellung des Menschen, mit seiner Weltanschauung und mit dem Kulturverfall.

Große Ängste hat in den letzten Jahren weltweit die Vogelgrippe ausgelöst. Rücksichtslos wurden riesige Mengen an Geflügel getötet aus Angst, die Seuche könnte auf den Menschen überspringen. Fieberhaft setzte die Suche nach einem Impfstoff gegen den Virus H5N1 ein. Aber diese Grippe ist relativ harmlos im Vergleich zur Fettleibigkeit. Über die Folgekosten in Milliardenhöhe wagen Politiker noch gar nicht zu reden. Bluthochdruck, Schlaganfall, Herzinfarkt, Arthrose und Gallensteine werden das Gesundheitssystem vieler Länder überfordern und zum Zusammenbruch bringen. Von Diabetes, oft ebenfalls eine Folge von Übergewicht, sind inzwischen 180 Millionen Personen betroffen. Alle zehn Sekunden stirbt auf der Erde ein Mensch den Diabetes-Tod. Achtjährige entwickeln Altersdiabetes. Eine Million Fußamputationen pro Jahr, zweieinhalb Millionen Netzhautkranke, die von Erblindung bedroht sind. Die Diabetes-Epidemie sei außer Kontrolle.

In gleicher Weise bedroht ist das soziale System, weil

immer mehr Übergewichtige aus dem Arbeitsprozess herausfallen oder nur minimale Leistungen erbringen werden.

In Deutschland wurde im Jahre 2002 festgestellt, dass 67 Prozent der Männer und 50 Prozent der Frauen übergewichtig seien – und jedes dritte Kind. Der Forscher Andrew Hill von der Universität Leeds sagte auf dem Kongress in Sydney, Übergewicht werde immer mehr das Selbstwertgefühl junger Mädchen beschädigen und ihre körperliche Belastung schwächen. Bei älteren Frauen – so die Wissenschaftlerin Kyllie Ball von der Universität Deakon – lasse sich ein Zusammenhang zwischen Übergewicht und Depressionen feststellen. Übergewichtige Frauen schafften seltener einen höheren Bildungsabschluss. Ihre Frustrationen im Beruf, bei Partnerschaften und Freundschaften seien weitaus größer als bei anderen Frauen. Die medizinische Fachwelt ist ratlos. Aber man ist sich einig, dass zum Beispiel achtzig Prozent aller Diabetes-Erkrankungen vermeidbar wären – durch diszipliniertes Essen und einen Lebensstil, der nicht auf Konsum, sondern auf Sinnfülle ausgerichtet wäre.

Und wie immer hält man Ausschau nach Schuldigen, und sucht nicht bei sich selbst. Da wird auf das Überangebot an energiereicher Nahrung hingewiesen. Unternehmen werden angeklagt und Politiker aufgefordert, einzuschreiten. Während die so genannten mündigen Bürger ansonsten allergisch gegen jede Art von Bevormundung oder Gängelung durch Politiker reagieren, wird beim Übergewicht nach dem Staat gerufen.

Andere wollen einen noch unbekannten Virus für Übergewicht verantwortlich machen und rufen nach einem Impfstoff, also nach noch mehr Chemie. Nur die

Eigenverantwortung wird nicht in die Diskussion eingebracht. Wie beim ersten Menschenpaar, als Adam mit dem Finger auf Eva zeigte, sie habe ihn verführt, und Eva wiederum auf die Schlange verwies, von der sie überredet worden sei. Das wiederholt sich heute milliardenfach auf der ganzen Erde. Eigenverantwortung ist nicht gefragt.

Volle Verantwortung

Im Gegensatz dazu steht Medjugorje. Dort wird die Verantwortung des Einzelnen für sein moralisches Tun und für den anderen groß herausgestellt. Bereits am 6. Februar 1986 ließ die Madonna die Gemeinde von Medjugorje durch die Seher wissen: „Zuerst müsst ihr, die Bewohner der Pfarrei, die Botschaften annehmen und dann die anderen. Ihr werdet mir und meinem Sohne Jesus verantwortlich sein." Welcher Erzieher wagt heute so etwas zu sagen?

Und drei Monate später, am 8. Mai 1986, sagte sie mit Nachdruck: „Ihr seid für die Botschaften verantwortlich. Hier ist die Gnadenquelle und ihr, liebe Kinder, seid Gefäße, die die Geschenke überbringen. Daher, liebe Kinder, lade ich euch ein, dass ihr eure Arbeit in voller Verantwortung ausführt. Jeder wird nach eigenem Maß verantwortlich sein. Liebe Kinder, ich lade euch ein, die Gaben mit Liebe den anderen weiterzugeben und nicht nur für euch selber zu behalten." Man halte fest: Jeder wird nach eigenem Maß verantwortlich sein!

Ein paar Jahre später, am 25. März 1992, machte sie auf die ganze Tragweite ihres Aufrufs für die Menschheit aufmerksam. „Ich bin zu euch gekommen, um euch zu helfen, und deshalb rufe ich euch auf, euer Leben zu ändern, denn ihr habt einen beklagenswerten Weg eingeschlagen – den Weg des Verderbens. Als ich zu euch sprach: Kehrt um! Betet! Fastet! Versöhnt euch!, habt ihr diese Botschaften oberflächlich angenommen. Ihr habt angefangen, sie zu leben, aber ihr habt es aufgegeben, weil es schwer für euch war."

Eine aufrüttelnde Prophetie, die sich an die Völker der ganzen Erde richtet, die, wie man sieht, tatsächlich den Weg des Verderbens eingeschlagen haben. Zügellosigkeit bei der Nahrungsaufnahme hat Hemmungslosigkeit in der Sexualität zur Folge. Beidem folgt die Sinnleere, der viele Menschen, auch viele junge Menschen, durch die Droge zu entfliehen versuchen. Dieser Drogenkonsum ist ein Schrei der Verzweiflung, ein Ruf nach klarer Orientierung und nach Leitbildern.

Fasten, eine der fünf Hauptbotschaften von Medjugorje, beschränkt sich jedoch nicht nur auf die teilweise Beschränkung in der Nahrungsaufnahme. Es ist eingebettet in ein tieferes Gesamtkonzept. Deshalb hat der im Jahre 2000 verstorbene Slavko Barbaric darüber ein Buch unter dem Titel verfasst: *Fasten, eine Erneuerung und Vertiefung*. Das ist es: Erneuerung und Vertiefung.

Für den klugen Psychotherapeuten war Fasten nicht nur ein Verzicht, sondern auch eine Chance, die Chance, von Wasser und Brot zu leben. Nicht der Verzicht auf Fleisch, Süßigkeiten oder Zigaretten ist das Wesentliche am Fasten, sondern die Bereitschaft des Menschen, dem Brot als Symbol des Lebens und dem Wasser als Symbol der Reinigung zu begegnen. Es geht nicht so sehr um das Hungern – wir dürfen essen – es geht um das Leben mit Brot und Wasser.

Die Frau aus der Ewigkeit will durch das Fasten zum wahren Leben führen, und vorher zum Brot des Lebens. Jesus selbst sagt von sich: „Ich bin das Brot des Lebens." Beim letzten Abendmahl nahm Er das Brot in seine Hände und sagte: „Dies ist mein Leib!" Der tiefste Sinn des Fastens ist es, Jesus im Wort und im Brot zu begegnen. Wenn wir Brot nicht vorher auf eine ganz besondere Weise erfahren haben, laufen wir Gefahr, den Sinn der Eucharistie nicht verstehen zu können. Auch in der katholischen Kirche wurde nach dem Zweiten Weltkrieg das Fasten immer mehr aufgegeben.

Unser Fasten, das Maria hier von uns verlangt, und das wir angenommen haben – schreibt Barbaric –, darf nicht geschehen, weil viele Menschen nicht fasten oder zu viel essen, oder weil wir besser sein wollen als andere – absolut nicht. Dieses Fasten und jedes Fasten soll uns Gott und den Menschen näher bringen. Wir geben dadurch unsere Antwort auf einen Aufruf vom Himmel und folgen ihm in Gehorsam. Das ist unsere innere Ausrichtung. Es ist wichtig, dass wir nicht sofort einen Effekt oder Früchte erwarten, sondern einfach fastend und betend unseren Weg gehen. Wir sollen uns nicht aufhalten an unserem eigenen Gutsein oder Schlechtsein oder am Gutsein oder Schlechtsein der anderen, sondern das Fasten als ein Mittel auf unserem Weg zu Gott sehen. Indem wir unser Inneres, unser menschliches Wesen vertiefen, kommen wir auch näher zu Gott, und das ist unsere Ausrichtung. Im Sinne von Barbaric soll also Fasten und im weiteren Sinne der Verzicht einen Teil unserer Lebenshaltung darstellen, in den Lebensstil integriert sein.

Damm gegen Kulturverfall

Das Fasten von Medjugorje will keine alternative Modeerscheinung sein, hat keine Schlankheits- oder Gesundheitskuren zum Ziel, es packt die Einstellung des Menschen an der Wurzel. Das eigentliche Übel ist also nicht die sich rasant ausbreitende Fresssucht, sondern das gestörte Verhältnis zum Schöpfer und zur Schöpfung, das verlorene Gleichgewicht zwischen Natur und Übernatur, zwischen Diesseits und Jenseits, zwischen Physik und Metaphysik, mit anderen Worten, die Harmonie zwischen Himmel und Erde. Übergewicht ist nur ein Symptom. Die eigentliche Tragik, in die die Menschheit verstrickt ist, ist das Versinken in der Fülle materieller Anreize und Güter, die Versklavung an den Genuss auf Kosten des geistigen Wachstums, der eigentlichen Bestimmung des Menschen. Viele Katastrophen der Menschheit, wenn nicht die meisten, sind hausgemacht. Von daher ist Medjugorje ein heroischer Damm gegen den allgemeinen Kulturverfall.

Zum Pfingsfest 2006 erinnerte Papst Benedikt XVI. an die Erzählung im Evangelium vom verlorenen Sohn. Dieser habe das Vaterhaus verlassen, vorzeitig seine Erbschaft eingefordert und sei davongezogen, um das Leben in Freiheit und Fülle zu genießen. Die geordnete Atmosphäre im Elternhaus, die von Pflichtbewusstsein und Fleiß geprägt war und der Familie dauerhaften gesunden Wohlstand eingebracht hatte, war ihm zuwider. Er wollte sich aller Bindungen entledigen. Aber am Ende fand er sich als Schweinehirte wieder, vor dem Nichts, von den

Freunden seiner ausgelassenen Feste verlassen, und hungernd.

Die Papstkatechese war ein mahnendes Beispiel an die ganze Menschheit, die dabei ist, Pflichtbewusstsein und Enthaltsamkeit aus ihrem Wortschatz zu verbannen, ganz gleich auf welchem Kontinent. Aber auf allen Erdteilen hat Medjugorje Fuß gefasst, in allen Ländern sind Kreise und Gebetsgruppen dabei, geistigen Widerstand aufzurichten gegen die Selbstzerstörung.

Das Kreuz ist wieder, wie vor 2.000 Jahren im Römischen Imperium, zum Ärgernis geworden. Man lässt es bestenfalls noch als Schmuckstück für Popstars gelten. In Medjugorje haben Menschen zum Geheimnis des Kreuzes zurückgefunden. In den Anfängen der Erscheinungen haben viele Menschen es vom Tal aus leuchten sehen, ein anderes Mal hat es sich in eine Lichtsäule verwandelt, weithin sichtbar als Wegweisung in die Zukunft. Eine Aufforderung – und das wird in vielen Botschaften wiederholt –, Gott absoluten Vorrang im Leben einzuräumen, im eigenen und im Leben der Völker.

Die Aufforderung Christi, das Kreuz auf sich zu nehmen, ist ohne Zweifel der schwierigste Schritt, den ein gläubiger Mensch zu machen hat. Es drückt totale Hingabe, totale Verfügbarkeit gegenüber dem Menschen aus. Der Mensch fürchtet das Leiden und noch mehr die Demütigung, für die das Kreuz steht. Es ebnet dennoch den Weg in die endgültige Freiheit. Diese letzte Freiheit fürchtet der Mensch, weil sie zur Wahrheit führt, zur Wahrheit der Verantwortung für sein Tun. Darin liegt die Wurzel seiner Angst vor der Wahrheit, wenn es gilt, sie umzusetzen. Der postmoderne Mensch will niemandem verantwortlich sein, wie das erste Menschenpaar.

Adolf Hitler hat 50 Millionen Menschen das Leben gekostet. Bis zum Schluss hatte er gebetsmühlenartig wiederholt, er übernähme für alles die Verantwortung. Das konnte er sagen, weil er selber sich niemandem gegenüber verantwortlich gefühlt hatte. Er wollte für andere das Gewissen, die Richtschnur ihres Handelns sein. Das war nicht mehr Pathologie, das war Dämonie. Wer so denkt, kann vor Gott nicht mehr bestehen.

Fusswaschung

Medjugorje geht daher weiter. Es erinnert an das Evangelium vom dienenden Gott, eindrucksvoll dargestellt in der Fußwaschung. Sie ist im Christentum leider oft zu einer symbolischen, liturgischen Handlung geworden. Es ist nicht ohne Bedeutung, dass es gerade Johannes war, der Lieblingsjünger Jesu, der die Fußwaschung ausführlich beschrieben hat. Er beginnt sie mit einem ausdrücklichen Hinweis auf die göttliche Herkunft Jesu:

„Jesus, der wusste, dass ihm der Vater alles in die Hand gegeben hatte und dass er von Gott gekommen war und zu Gott zurückkehrte, stand vom Mahl auf, legte sein Gewand ab und umgürtete sich mit einem Leinentuch. Dann goss er Wasser in eine Schüssel und begann, den Jüngern die Füße zu waschen und mit dem Leinentuch abzutrocknen, mit dem er umgürtet war. Als er zu Simon Petrus kam, sagte dieser zu ihm: Du, Herr, willst mir die Füße waschen? Jesus antwortete ihm: Was ich tue, verstehst du jetzt noch nicht, doch später wirst du es begreifen. Petrus entgegnete ihm: Niemals sollst du mir die Füße waschen! Jesus erwiderte ihm: Wenn ich dich nicht wasche, hast du keinen Anteil an mir. Da sagte Simon Petrus zu ihm: Herr, dann nicht nur meine Füße, sondern auch die Hände und das Haupt. Jesus sagte zu ihm: Wer vom Bad kommt, ist ganz rein und braucht sich nur noch die Füße zu waschen. Auch ihr seid rein, aber nicht alle. Er wusste nämlich, wer ihn verraten würde; darum sagte er: Ihr seid nicht alle rein.

Als er ihnen die Füße gewaschen, sein Gewand wieder angelegt und Platz genommen hatte, sagte er zu ihnen: Begreift ihr, was ich euch getan habe? Ihr sagt zu mir Meister und Herr, und ihr nennt mich mit Recht so; denn ich bin es. Wenn nun ich, der Herr und Meister, euch die Füße gewaschen habe, dann müsst auch ihr einander die Füße waschen. Ich habe euch ein Beispiel gegeben, damit auch ihr so handelt, wie ich an euch gehandelt habe. Amen, amen, ich sage euch: Der Sklave ist nicht größer als sein Herr, und der Abgesandte ist nicht größer als der, der ihn gesandt hat. Selig seid ihr, wenn ihr das wisst und danach handelt" (Joh 13,3-17).

Johannes unterstreicht zum Auftakt seines Berichtes, wer Jesus eigentlich war, und schließt ihn mit der Aufforderung Jesu: „Selig seid ihr ... wenn ihr danach handelt!" Kaum vierundzwanzig Stunden vergingen und es sollte den Jüngern noch mehr zugemutet werden. Sie würden ihn am Kreuz hängen sehen. Das war dann nicht nur Dienen, es war Totalhingabe. „Was ich tue, verstehst du jetzt noch nicht", hatte er Petrus am Vorabend gesagt. Damit hatte er auch die Kreuzigung vorweggenommen, die die Jünger wie ein Schock traf.

Fußwaschung war Sklavendienst, ein Grund, weshalb die anderen Evangelisten sie nicht erwähnen. Dieses Ereignis rüttelte an den Fundamenten des Römischen Imperiums. Und bis heute tun sich alle, die in der Gesellschaft herausgehoben sind, egal wie, damit sehr schwer. Aber Medjugorje erinnert daran.

Am dritten Tag der Ereignisse im Juni 1981 gewährte die Madonna der Seherin Marija Pavlovic eine zusätzliche Vision. Der Verfasser hat sie in den ersten Jahren dazu genau befragt. Sie sah die Gospa in einem grauen Kleid, weinend vor einem grau schimmernden Kreuz, und das alles vor grauem Hintergrund. Grau ist die Farbe der extremen Bereitschaft zum Dienen. Am dritten Tag der langjährigen ereignisreichen Vorgänge in Medjugorje stehen also das Dienen und das Kreuz im Vordergrund. Das konnte niemandem gefallen, weder den Mächtigen im Staate noch einigen Mächtigen in der Kirche, außer Johannes Paul II.

Als dieser 1993 wegen einer ausgekugelten Schulter in der Gemelli-Klinik lag, erinnerte er die etwas überraschten italienischen Bischöfe, die gerade in Rom tagten, in einer leidenschaftlichen Botschaft daran, dass sie sich als Dienende verstehen sollten. Er selber ging damit mit gutem Beispiel voran. Als die Menschenmenge kurz nach seinem Tode auf dem Petersplatz in Rom immer wieder rief „subito santo", „sofort heilig", hatte das wohl vor allem seinen Grund darin, dass er sich allen gegenüber immer wieder als Dienender verstand. Von daher ist seine große Sympathie für Medjugorje zu verstehen.

Die Seher haben ihre Rolle auch so gesehen. Über Jahre und Jahrzehnte stand Vicka Ivankovic täglich vor ihrem Elternhaus den Pilgern aus aller Welt zur Verfügung. Mit einer beispiellosen Geduld und Langmut ging sie auf Fragen und Bitten ein. Von ihren Leiden ganz zu schweigen. Nicht anders die anderen. Mit großer Ausdauer haben sie Prüfungen und Opfer auf sich genommen. Marija Pavlovic hat als junges Mädchen ihrem Bruder eine Niere geopfert und später mit nur einer vier Söhnen das Leben geschenkt.

Wer mich sieht

Zwar hat die Gospa in Medjugorje keine Fußwaschung vorgenommen, aber sie hat etwas getan und sie tut es nach jeder Erscheinung bis heute, was dem gleichkommt. Sie verabschiedet sich mit den Worten: „Danke, dass ihr meinem Ruf gefolgt seid." Wer ist die Madonna, die Mutter Jesu, die Frau nach den Träumen Gottes, der einzige vollkommene Mensch, den diese Erde getragen hat, und wer waren die unreifen, einfachen Kinder von Medjugorje, die ihr 1981 begegnet sind und bis heute begegnen? Wer sind wir, die wir durch ihre Botschaften angesprochen sind? Dazwischen liegen Welten. Sie könnte fordern. Aber sie verneigt sich vor den Kindern und vor uns, sie bedankt sich, sie lädt ein. Sie behandelt die Kinder wie Partner und sie betont, dass sie so und nicht anders im Auftrag Gottes handelt, der feinfühliger Partner des Menschen sein möchte.

Lässt man sich das durch den Kopf gehen, meditiert man darüber, so geht einem eine Ahnung darüber auf, was die Zurückweisung Gottes durch den Menschen bedeutet, der nicht mehr ist als ein Staubkorn im Kosmos, wie es mir gegenüber so schlicht und so eindrucksvoll eine Krankenschwester im Klinikum Fulda zum Ausdruck gebracht hat. Man begreift, wie sehr die Ordnung des Universums gestört und sogar erschüttert sein muss, wenn der Mensch sich gegen den Himmel auflehnt oder diesen sogar ersetzen möchte. Eine solche Sünde vermag niemand zu sühnen, nicht einmal die Menschheit als Ganzes, wenn sie dazu überhaupt fähig oder willens wäre. Das vermag nur Gott selbst.

Ungläubige äußern oft den Einwand, wie könne ein Gott so blutrünstig sein, dass er den Sühnetod seines Sohnes am Kreuze verlangt. Das zeugt von der Unkenntnis um das Wesen Gottes, vor allem des trinitarischen Gottes. Noch wenige Stunden vor seinem Tode sagte Jesus zu seinem Jünger Philippus, als dieser ihn bat, ihnen doch „den Vater" zu zeigen: „Wer mich sieht, der sieht auch den Vater", mit anderen Worten, wenn ihr mich am Kreuze sehen werdet, dann werdet ihr auch den Vater sehen. In Jesus sühnt am Kreuze der ganze Gott!

Das scheinen die Menschen aus allen Windrichtungen der Welt zu ahnen, die in Medjugorje den Kreuzberg erklimmen, viele von ihnen viele Male. Durch Opfer und Schweiß, durch die sie teilnehmen an der Sühne Gottes, wird ihnen die Gnade der Gegenwart dieses sühnenden Gottes zuteil.

Kapitel VIII

Ja zum Leben

Grösse und Schönheit

Das 20. Jahrhundert war ein Jahrhundert der Massenmorde. Papst Johannes Paul II. konnte deshalb unwidersprochen von einer Kultur des Todes sprechen, die es hervorgebracht hat. Zwei Weltkriege, darunter der erste Atomkrieg. Die Todesengel waren Josef Stalin, Adolf Hitler, Mao Tse-tung und Pol Pot, um nur die wichtigsten zu nennen. Sie haben ihre eigenen Völker geopfert, die Blüte ihrer Intelligenz, ihrer Jugend, und sie haben versucht, andere Kulturvölker auszulöschen. Mit ihnen und nach ihnen kamen die Propheten des Genusses, kam der selbstzerstörerische, hemmungslose Konsum.

Aber bevor dieses dunkle Jahrhundert ausklingen konnte, vernahm die Welt aus dem Munde einer Frau, die aus der Ewigkeit herausgetreten war, ein unüberhörbares Ja zum Leben. Männer hatten der Welt den Massentod gebracht, eine Frau verkündete den Frieden als Prinzip des Lebens. Ihre Antwort auf die Todesideologien so vieler Mächtiger und der Todesphilosophien ihrer intellektuellen Helfershelfer war knapp und ausdrucksstark. In einer Botschaft am 25. Januar 1990 an die Seherin Marija Pavlovic hieß es: „Betet, damit ihr das Geschenk des Lebens in seiner Größe und Schönheit verstehen könnt." Hinter diesem Aufruf stand die Autorität einer Frau, die der Welt den Gottmenschen geschenkt hatte.

Und genau ein Jahr später, am 25. Januar 1991, wurde sie noch deutlicher: „Satan ist stark und möchte nicht nur Menschenleben zerstören, sondern auch die Natur und den Planeten, auf dem ihr lebt." Und sogleich wies sie den Weg der Heilung: „Schon allein der Rosenkranz kann in der Welt und in eurem Leben Wunder wirken." Das Gebet des Rosenkranzes ist nichts anderes als ein Bekenntnis zum Leben und zur universalen Mission des in Jesus von Nazareth Mensch gewordenen Erlöser-Gottes. Sich zu diesem Erlöser bekennen, auf ihn zu setzen, ihm zu vertrauen, bedeutet für die Welt und für den Menschen nach den Worten der Madonna: Wunder der Heilung.

Drei Monate danach, am 25. April 1991, versuchte sie der Menschheit noch einmal klar zu machen, was Leben bedeutet und wem wir es verdanken: „Jeder Tag soll mit Dankgebet Gott gegenüber für das Leben und für alles, was ihr habt, erfüllt sein. Ich wünsche nicht, dass euer Leben im Gerede vergeht, sondern preist Gott durch Taten."

Man sollte den Stil der Frau aus der Ewigkeit beachten. Sie droht nicht, sie setzt nicht unter Druck, sie lädt ein, sie wünscht, sie bedankt sich. Sie warnt vor Gefahren. Sie lehnt Geschwätz und die Diskussionsfreudigkeit jener Jahre ab. Sie erwartet Taten. Das ist ihr Auftrag, der Auftrag eines Gottes, der die Liebe ist, eine sich ständig selbst aufopfernde Liebe.

In Medjugorje werden jene Denker eines Besseren belehrt, die dem Christentum unbedingt einen Richter-Gott unterstellen wollen, einen Gott, der nur bestrafen und rächen will. Es ist der Mensch, der sich selbst richtet. Liebe und Hass sind miteinander unvereinbar. Wer sich Gott im Hass nähert, kann keinen Zugang zu Ihm finden. Hass führt in die Gottferne, sowohl Gotteshass als auch Hass zum Menschen. Zu Richter-Göttern haben sich Menschen aufgeschwungen – die Herrscher dieser Welt. Heute tun es die Medien, ein anonymer Richter-Gott, ein Hinrichtungsjournalismus, der keine Barmherzigkeit kennt.

Gott dagegen schenkt Leben. In einer Botschaft am 25. Januar 1989 sagte die Madonna: „Betet, dass ihr für alles, was Gott durch euch tut, offen sein könnt und dass ihr Gott für alles in eurem Leben danken und euch über alles, was Er durch jeden einzelnen tut, freuen könnt." Medjugorje hat sich nach über 25 Jahren als Hochgesang auf das Leben herausgestellt.

Geburtenrückgang

Zum großen Thema zu Beginn des 21. Jahrhunderts ist der katastrophale Geburtenrückgang geworden, Bevölkerungsimplosion genannt, also das Gegenteil von dem, was man noch in der Mitte des 20. Jahrhunderts befürchtet hatte, nämlich eine Überbevölkerung der Erde. Die Diskussion um die Vergreisung der Gesellschaft und ihre Folgen wird immer heftiger und – so lässt sich feststellen – zum Teil immer zynischer. Das Ende des allgemeinen Wohlstandes zeichnet sich ab. Die Umweltkrise ist nicht mehr zu verdrängen. Das Vertrauen in die Wissenschaft, die alles zu „machen" versprach, schwindet dahin. Den so genannten viel beschworenen Wertewandel gibt es nicht. Womit die Gesellschaft sich konfrontiert sieht, ist ein totaler Werteverfall. Ist also die Menschheit vom Aussterben bedroht, droht dem Leben auf der Erde das Aus?

Seine eigentliche Wurzel hat dieser Werteverfall, das Nein zum Kind, tatsächlich im Nein zum Leben. Die Achtung vor dem Leben, vor dem eigenen und vor dem anderer, wurde seit Jahrzehnten nicht mehr gepflegt. Leben gilt nicht mehr als höchstes Gut, das es zu bewahren und zu schützen gilt. 2006/7 wurde die Öffentlichkeit von Mordfällen überrascht, die bisher eher unbekannt waren. Ein 15-jähriger Junge bringt seine Mutter um, weil er nicht mehr in die Schule gehen will, zwei 17-jährige erstechen ein ahnungsloses Ehepaar, Mütter setzen Säuglinge aus oder bringen sie um, in einem Fall gleich reihenweise. Vorgänge, die man bisher nur in Indien vermuten konnte. Vor diesem Hintergrund ist der beschwörende Aufruf der Madonna im Jahre 1990 zu sehen, darum zu beten, das Geschenk des Lebens in seiner Größe und Schönheit zu verstehen.

Eine der großen Zeitungen Deutschlands, *Welt am Sonntag*, brachte es 2006 mit dem Titel „Das Versagen einer Generation vor dem Leben" auf den richtigen Nenner. „Wir, die in den 50er, 60er und 70er Jahren geboren wurden", heißt es in dem Artikel, „sind die Generation der großen Lebensverhinderer. Die Fakten sind unübersehbar und katastrophal. 1964, im geburtenstärksten Jahrgang nach Kriegsende, kamen in West- und Ostdeutschland 1,357 Millionen Kinder zur Welt. Der Überschuss der Geburten über die Todesfälle betrug 487.000."

Völlig anders habe die Lage im Jahre 2004 ausgesehen, als knapp 700.000 Kinder zur Welt kamen. „Was wir in den vergangenen 40 Jahren erlebt haben, kommt jetzt mit umgekehrten Vorzeichen wieder. Alles verläuft in gegenteiliger Richtung: Abbau statt Aufbau, Kündigung statt Einstellung, Schrumpfen statt Expandieren. Wer diesem Drama schulterzuckend zuschaut und hofft, es werde schon nicht so schlimm kommen, dem steht die Erkenntnis noch bevor, wie schmerzhaft Schrumpfungsprozesse in Volkswirtschaften verlaufen."

Und zum Schluss seiner Ausführungen wagt der Verfasser Dinge auszusprechen, die man heute in Deutschland einem Kardinal oder einem Bischof, wenn sie Ähnliches sagen, sehr übel nimmt: „Wir zeugen nicht nur ungern Kinder, wir treiben sie auch noch gern ab. Vergangenes Jahr wurden 124.000 Kinder während der Schwangerschaft getötet. Die Zahl der Abtreibungen lag höher als das Geburtendefizit ... Nur drei Prozent der Abtreibungen geschahen aus medizinischen oder kriminologischen Indikationen. 97 Prozent, also 120.000 Kinder, starben, weil ihre Eltern sie nicht wollten und nach einem Beratungsgespräch den Tod ihrer Tochter oder ihres Sohnes für die bessere Wahl hielten als ein Leben mit ihnen."

Und der Mitherausgeber der zweiten großen Zeitung Deutschlands, der „Frankfurter Allgemeinen", Frank Schirrmacher, schlägt in seinem Buch *Minimum* den gleichen Ton an: „Wir haben mit einer der Urverfassungen der menschlichen Natur herumgespielt und aus dem Kinderkriegen, das eigentlich eine tiefgreifende, elementare, menschliche und ganz individuelle Frage ist, eine ökonomisch und lebenspraktische Vorteilsabwägung gemacht."

Er weist darauf hin, dass die gut versorgte Wohlstandswelt eine große Ausnahmesituation in der Weltgeschichte darstellt. Wie könne der Mensch bei seinem Nein zum Kinde überleben, die Familie erfülle eine existentiell unverzichtbare Funktion. Ein sich häufig wiederholendes Wort in seinem Buch ist das Wort Altruismus, was schlichtweg Selbstlosigkeit heißt. Aber Selbstlosigkeit lernt der Mensch nur in der Familie.

Seher und ihre Familien

Zwanzig Jahre früher, als Schirrmacher noch ein junger Mann war, sagte die Madonna am 13. Dezember 1984 in einer Botschaft in Medjugorje: „Fangt zunächst an, eure eigene Familie zu lieben, alle in der Pfarrei, und dann werdet ihr alle jene annehmen und lieben können, die hierher kommen." Ein halbes Jahr später, am 6. Juni 1985 wiederholte sie: „Liebt zuerst eure Familienangehörigen." Das war in jenen Jahren, als in der Gesellschaft die marxistisch inspirierte Hetze gegen Eltern und Familie ihrem Höhepunkt zusteuerte.

Fast ein Jahrzehnt darauf, am 25. April 1993, hieß es in ihrer Botschaft an Marija Pavlovic: „Ich wünsche, dass ihr die Liebe in euren Familien erweckt, damit dort, wo Unruhe und Hass sind, die Liebe zu herrschen beginnt."

Auch hier erweist sich Medjugorje als unüberhörbare Prophetie. Aus der Geschichte Israels wissen wir, dass große Propheten oft durch symbolische Akte ihr Volk aufzurütteln versucht haben. Der Prophet Jeremias legte sich ein Ochsenjoch auf die Schultern und trat so vor den König, um anzudeuten, welches Schicksal das Königshaus und das Volk zu erwarten haben, nämlich die Sklaverei. Und der Prophet Hosea nahm sich ostentativ eine Prostituierte zur Frau, um Israel konkret seine Untreue gegenüber dem Bund mit Gott vor Augen zu führen. Seinen drei Söhnen gab er symbolisch entsprechende Namen.

In Medjugorje verblüfft das klare Ja aller Seher zur Familie. Alle, die am Anfang der Erscheinungen gehofft hatten, sie würden sich – oder doch einige von ihnen –

ins Kloster zurückziehen, sahen sich enttäuscht. Und sie machten aus dieser Enttäuschung keinen Hehl, selbst einige Franziskaner nicht. Als ich Marija Pavlovic, jene Seherin, die nun schon seit vielen Jahren Botschaften von der Madonna erhält, unter vier Augen fragte, warum sie sich zur Ehe entschlossen habe, antwortete sie mir ohne Zögern und ganz klar: Es war der Wille Gottes! Darum scheint es nicht unwichtig, an dieser Stelle alle Seher und ihre Familien vorzustellen:

Als Erste heiratete am 7.5.1985 Ivanka Ivankovic-Elez, geb. 21.6.66. Sie hat drei Kinder, Christina (1987), Josip (1990) und Ivan (1995). Die täglichen Erscheinungen hörten bei ihr am 7. Mai 1985 auf. Danach sieht sie die Madonna einmal im Jahr, am 25. Juni, also am Jahrestag. Ihre Mutter verstarb einen Monat vor dem Beginn der Ereignisse. Es lag für Ivanka nahe, die Madonna bald nach ihr zu fragen. Sie sei im Paradies, war die Antwort. Mehrmals durfte das Mädchen sie sehen. Sie lächelte ihr zu und umarmte sie sogar.

Als Zweite folgte Mirjana Dragicevic-Soldo, geb. 18.3.65. Sie ging den Bund der Ehe am 16.9.1989 ein. Sie hat zwei Kinder, Maria (1990) und Veronica (1994). Ihr drittes Kind verlor sie vor Vollendung der Schwangerschaft (1997). Die täglichen Erscheinungen hörten bei ihr schon 1982 auf. Die ihr jährlich versprochene hat sie am 18. März. Mirjana hat Wirtschaftswissenschaft in Sarajewo studiert.

Ivan Dragicevic, geb. 25.5.1965, heiratete 1994 in Boston Laureen Murphy. Sie hatte vorher im Bundesstaat zweimal die Misswahlen gewonnen. Nach ihrer Begegnung mit Medjugorje trat ein Wandel in ihrem Leben ein. Sie haben drei Kinder, Christina (1995), Mikaela (2000),

Daniel (2001). Das Paar wohnt in Medjugorje. Ivan leitet seit 1982 eine Gebetsgruppe, die sich am blauen Kreuz in Medjugorje trifft.

Jakov Colo, geb. 6.3.1971, heiratete am Ostertag, den 11.4.1993, die Italienerin Annalisa Barozzi. Sie haben drei Kinder, Arijana-Marija (1995), David-Emmanuele (1996), Myriam (1999). Die täglichen Erscheinungen endeten bei Jakov am 12.9.98. Jakov sieht die Madonna nur noch einmal jährlich, am 25. Dezember. Sie wohnen in Medjugorje.

Marija Pavlovic-Lunetti, geb. 1.4.65. Am 8.9.93 heiratete sie den Italiener Paolo Lunetti. Sie haben vier Söhne, Michele (1994), Francesco Maria (1996), Marco (1997), Giovanni (2002). Seit 1984 erhielt sie wöchentlich, jeden Donnerstag, eine Botschaft der Madonna, ab dem 25.1.1987 monatlich eine, jeweils am 25. des Monats. Sie lebt vorwiegend in Mailand, ist aber oft in Medjugorje, vor allem zu den Hochfesten. Marija Pavlovic strahlt eine tiefe Spiritualität aus. Sie beeindruckt durch ihr sanftes, aber entschiedenes Wesen, entsprechend der Weisung der Madonna: „Seid zu den Pilgern so, wie ich zu euch bin. Ermüdet nie. Enttäuscht niemanden."

Das letzte Mal traf ich sie kurz vor unserer Abreise im Garten ihrer Freundin Slavica. Den Eindruck hielt ich kurz in meinem Tagebuch fest: „25 Jahre täglich von der Madonna geprägt, da konnte nicht ausbleiben, dass sie inzwischen auch etwas Madonnenhaftes ausstrahlt. Ich sah sie plötzlich mit ihrem jüngsten, dreijährigen Sohn, der schlafend in ihren Armen lag, ein gemäldereifer Anblick. Scherzend sagte ich zu ihr, dass ich bedaure, nicht drei Jahre jung zu sein und nicht ihr Sohn. Ein sanftes Lächeln war die Antwort – eben madonnenhaft."

Als Letzte hat Vicka Ivankovic, geb. 3.9.1964, geheiratet. Am 26.1.02 gab sie Mario Mijalovic aus Sarajewo das Jawort. Sie ist Autorin des Buches *Ich schaute die Gottesmutter.* Sie hat zwei Kinder. Jeder der Seher ist eine eigene, unverwechselbare Persönlichkeit mit besonderer Note.

Zu den sechs Sehern kommen in Medjugorje zwei Seher der zweiten Generation. Sie haben keine äußeren Visionen gehabt, ihnen wurde die Gabe der inneren Erleuchtung zuteil. Auf Anweisung der Madonna haben sie einen Gebetskreis gegründet, der vor allem jüngere Pfarrangehörige umfasste. Über vier Jahre hat die Frau aus der Ewigkeit sie geführt und erzogen. Der Kreis wurde zum Vorbild für Zehntausende von Gebetsgruppen in der ganzen Welt. Auch diese beiden Mädchen haben Familien gegründet.

Jelena Vasilj, geb. 14.5.72. Nach dem Abschluss ihres Abiturs fragte sie mich, welche Ausbildung sie einschlagen sollte. Zunächst zögerte ich, ihr einen Rat zu geben. Sie habe so viele kompetente Seelsorger, an die sie sich wenden könnte. Aber sie bestand darauf, meine Meinung zu hören. Ich machte sie deshalb darauf aufmerksam, dass das 21. Jahrhundert ein Jahrhundert der Frau werden dürfte, sehr einflussreicher und sehr gebildeter Frauen, unter ihnen auch gottferner. Sie sollte deshalb eine akademische Ausbildung ins Auge fassen. Das tat sie. Sie studierte Theologie an der Päpstlichen Universität Angelicum in Rom, später auch kurz in Amerika. Am 29.8.2002 heiratete sie in Medjugorje den Italiener Massimiliano Valente. Es sei eine Hochzeit voll Gebet und Freude gewesen, sagten Beobachter. Sie haben zwei Söhne und eine Tochter. Jelena ist eine sehr gebildete und kluge Frau geworden.

Marijana Vasilj, geb. 5.10.71, heiratete am 27.11.93 Disko Jusicic. Sie haben drei Töchter, Anna-Marija (1994), Olga (1997) und Franka. Marijana ist Krankenschwester im Bereich Labortechnik.

Als sie berufen wurden, waren sie noch sehr jung, elf, zwölf Jahre. Deshalb standen ihnen vor allem zwei ältere Mädchen zur Seite, Slavica Vasilj und Marija Dugandzic.

Slavica, geb. 19.4.64, heiratete 1990 Jokan Vasilj. Er war nach Amerika ausgewandert, aber Slavica machte zur Bedingung, dass sie in Medjugorje bleiben müssten. Dort sei ihre Berufung. Sie führen eine Pension in der Nähe der Pfarrkirche und haben drei Kinder, Iva (1992), Nikola (1994) und Luka (2002). Slavica ist eine durch und durch von der Geschichte und dem Geist Medjugorjes geprägte Persönlichkeit, die sich der Berufung dieser Stätte verpflichtet weiß.

Marija Dugandzic ist eng mit Slavica befreundet. Außerdem war sie Schulfreundin von Marija Pavlovic, der Empfängerin der Monatsbotschaften. Marija hat an der Päpstlichen Gregorianischen Universität in Rom Theologie studiert, später in Wien. Sie hat den Wiener Arzt Dr. Christian Stelzer geheiratet, der die Monatszeitschrift *Oase des Friedens* herausgibt. Sie haben vier Kinder, sind oft in Medjugorje und über alles, was dort abläuft, auf dem Laufenden. Marija Dugandzic verdanke ich zum Teil meine von Medjugorje beeinflusste Spiritualität.

Um das Bild abzurunden, noch einige Namen aus der Gebetsgruppe, die eine größere Familie haben: Jelena Cilic hat drei Kinder, Snietana Cilic zwei Kinder, Ljilja Buntic fünf Kinder, Ana Ivankovic und Marinko Zovko vier Kinder, Franjo Zubac sechs Kinder, Ante Sivric drei Kinder, Mika Vasilj fünf Kinder, Dragana Milicevic sieben Kinder, Marija Vasilj sechs Kinder, Iva Tadic drei Kinder, Ankica Vasilj drei Kinder.

Um Welten unterscheidet sich dieser Personenkreis von Medjugorje vom Landesdurchschnitt in Bosnien. Der beträgt pro Frau 1,6 Kinder, also nicht einmal zwei.

Gegenwart ausschöpfen

In einer Welt, in der Lebensüberdruss, Lebenshass und die Missachtung des Lebens um sich greifen, ist Medjugorje durch die in die Ereignisse miteinbezogenen Personen zu einem Bekenntnis zum Leben geworden, zu einer leibhaftig gewordenen Prophetie. Während meiner Untersuchungen in den 80er Jahren habe ich Seher und die ihnen verbundenen Personen oft nach ihrer Meinung über die Zukunft befragt. Das lag nahe, einmal weil es sich um blutjunge Menschen gehandelt hat, zum anderen verleitete die bevorstehende Jahrtausendwende zu solchen Fragen.

Die Antworten ergänzten einander und liefen auf folgende Aussage hinaus: „Wenn man wissen will, wie die Zukunft aussehen wird, wenn man sie mitgestalten will, dann muss man die Gegenwart voll ausschöpfen. Und die Gegenwart voll ausschöpfen heißt versuchen, in der Gegenwart Gottes zu leben und das eigene Leben in seinem Sinne zu gestalten. So lebt man bereits in der Zukunft." Der Kinderreichtum der Seher von Medjugorje nimmt die Zukunft vorweg. Es werden vor allem Christen sein, mystisch orientierte Christen, die durch ihr Ja zum Kind einen beachtlichen Anteil am Fortbestand der Menschheit haben werden. Homosexuelle, gewollt oder ziellos Kinderlose, Familiengegner sind zum Aussterben verurteilt. 2005 haben in den USA 51 Prozent aller Frauen ohne Mann gelebt, mit steigender Tendenz. Also ein Leben ohne Familie.

Aber die Quelle menschlichen Lebens ist die Familie. Leben und Familie gehören seit Menschengedenken zusammen. Deshalb kann nicht überraschen, dass sie in der Geisteswelt von Medjugorje besonders gepflegt wird. In der Monatsbotschaft vom 25. Januar 1994 hieß es aufrüttelnd: „In dieser Zeit will Satan in euren Herzen und in euren Familien Unordnung stiften." Die Frau aus der Ewigkeit ist eine gute Analytikerin. Sie spricht ein brennendes Problem in knappen, aber unmissverständlichen Worten an. Sie spricht von Unordnung, aber gemeint ist ganz offensichtlich der Zerfall.

Flickwerk oder Anspruch

„Die klassische Familie, Vater, Mutter, zwei Kinder, zerbricht", heißt es in der Sprache der Medien. „Zwei Kinder im Durchschnitt gibt es schon lange nicht mehr, die Ehen gehen immer öfter entzwei." Die so genannte Patchwork-Familie nimmt ihren Platz ein. Patchwork heißt Flickwerk. Gemeint ist das Zusammenleben von Menschen aus unterschiedlichen Ursprungsfamilien. Wörtlich heißt es auf einer Internet-Fernsehseite: „Die neue Familienform bringt nach Ansicht von Psychologen und Pädagogen durchaus Vorteile." Beschönigend ist von Regenbogenfamilien die Rede. Jede siebente sei davon betroffen. Die Flickfamilie wird schön-, die klassische kaputtgeredet. Aber Häufigkeit ist kein Beweis für Richtigkeit.

Nicht mehr das Wohl des Kindes steht im Vordergrund, sondern das Streben nach „individuellem Glück“. Selbstverwirklichung, Zusammenhalt und Unterstützung sind die zentralen Werte. Verständlich, dass Betroffene versuchen, aus der Not eine Tugend zu machen. Aber die neuen Familien-Konstruktionen erweisen sich als weniger belastbar als die klassische Familie. Mehr als die Hälfte der Stieffamilien gehen wieder auseinander.

In Medjugorje dagegen hieß es schon am 24. Juli 1986: „Deshalb liebe Kinder, soll eure Familie der Ort sein, wo die Heiligkeit geboren wird.“ Das heißt, für die Familie gelten höchste moralische und humanistische Maßstäbe, denn nichts anderes ist Heiligkeit. An diesem Beispiel zeigt sich, dass das Christentum eine anspruchsvolle Religion ist und es von Anfang an war. In den ersten Jahrhunderten waren es vor allem gebildete Kreise im Römischen Imperium, die den Weg zur christlichen Botschaft suchten.

„Welche Gefahren sehen Sie für die Menschheit im kommenden Jahrhundert heraufziehen?“ Diese Frage stellte mir ein Franziskaner im Jahre 2000 am Rande einer internationalen Medjugorje-Tagung in Neum an der dalmatinischen Küste. Ohne lange zu überlegen, erwiderte ich spontan: „Die Stoßkraft des Bösen wird sich im 21. Jahrhundert gegen den Kern der Schöpfung richten – das heißt, gegen die Familie. Die Auflösung der Familie würde das Ende des höher entwickelten Lebens auf diesem Planeten bedeuten.“

Diese Vorahnung an der Schwelle des neuen Jahrtausends nimmt von Jahr zu Jahr immer schärfere Konturen an. Die Demontage der Familie im gesellschaftlichen, juristischen und politischen Bereich wird nicht nur immer ungehemmter, sie wird auch rasanter, auf nationaler und auf internationaler Ebene.

Beim Thema Familie liegen das höchste Lehramt der katholischen Kirche und Medjugorje auf einer Linie. Auf dem fünften katholischen Welttreffen der Familien im Juli 2006 in Valencia in Spanien sagte Papst Benedikt XVI.:

„Kein Mensch hat sich das Leben selbst gegeben noch hat er das grundlegende Wissen um das Leben selbst erworben. Wir alle haben von andern das Leben empfangen und die grundlegenden Wahrheiten des Lebens. Wir sind gerufen, die Vollkommenheit in Beziehung und liebender Gemeinschaft mit anderen zu erreichen. Die Familie ist gegründet auf der unauflöslichen Ehe zwischen einem Mann und einer Frau und drückt diese Dimension der Beziehung, der Kindschaft und der Gemeinschaft aus. Sie ist der Rahmen, in dem der Mensch mit Würde geboren wird, wachsen und sich in umfassender Weise entwickeln kann."

Und etwas weiter hieß es: „Am Ursprung jedes Menschen und in jeder menschlichen Vater- und Mutterschaft ist Gott der Schöpfer gegenwärtig. Deshalb müssen die Eltern das Kind, das geboren wird, nicht nur als Kind, sondern auch als Kind Gottes annehmen, als Kind Gottes, der es als solches liebt und zur Gotteskindschaft beruft. Noch mehr: Jeder Zeugungsakt, jede Vater- und Mutterschaft, jede Familie hat ihren Anfang in Gott, der Vater, Sohn und Heiliger Geist ist."

Der Papst schloss mit dem Appell: „Maria ist das exemplarische Bild aller Mütter, ihrer großen Mission als Hüterin des Lebens, ihrer Sendung, die Kunst des Lebens und der Liebe zu lehren. Die christliche Familie – Vater, Mutter und Kinder – ist also berufen, die oben angegebenen Ziele nicht als etwas von außen Auferlegtes zu verfolgen, sondern als Geschenk der sakramentalen Ehe-Gnade, die in die Eheleute eingegossen ist. Wenn sie offen bleiben für den Geist und seine Hilfe erbitten, dann wird er ihnen ununterbrochen die Liebe Gottes, des Vaters, mitteilen, die sich in Christus gezeigt hat und Fleisch wurde. Die Anwesenheit des Geistes wird den Eheleuten helfen, die Quelle und Dimension ihrer Liebe und ihrer wechselseitigen Hingabe nicht aus den Augen zu verlieren. Er wird ihnen auch helfen, ihn in allen Dimensionen ihres Lebens Fleisch werden zu lassen. Der Heilige Geist wird gleichzeitig in ihnen die Sehnsucht nach der endgültigen Begegnung mit Christus im Haus seines und unseres Vaters wecken. Das ist die Botschaft der Hoffnung, die ich von Valencia aus an alle Familien in der Welt schicken möchte."

Die klassische Familie bleibt die Keimzelle des höher entwickelten menschlichen Lebens auf dieser Erde. Wer sie zerstört, gräbt langfristig der Menschheit das Grab. Das klang in den Worten der Madonna vom Januar 1991 an, als sie das Schicksal unseres ganzen Planeten ansprach. Wortgewaltigen Soziologen und marxistisch geformten Psychologen bleibt nicht mehr viel Zeit, diese sich anbahnende Katastrophe zu umschreiben oder zu verdrängen.

Sexwahn

Nur wenige weitsichtige Köpfe in der Welt haben bisher den Mut gefunden, eine der großen Gefahren für das höhere Leben auf Erden beim Namen zu nennen. Unter ihnen war der englische Kardinal Basile Hume (1923 – 1999), seit 1976 Erzbischof von Westminster und Primas von England und Wales. Er genoss den Respekt von Politikern aller Parteien. Kurz vor seinem Tode erhielt er die höchste englische Auszeichnung „Order of Merit". Aber kurz vor seinem Tod prangerte er auch die totale Auflösung der Sexualmoral als „Sexwahn" an, dem es ein Ende zu setzen gelte. Nach ihm hat keine herausragende Persönlichkeit dies so deutlich zu sagen gewagt. Aber es ist die Wirklichkeit.

Die Abkoppelung der Sexualität vom Fortbestand der Menschheit war gegenüber dem Naturgesetz schon ein großes Wagnis, denn die Sexualität dient dem Leben und nicht umgekehrt. Aber die Menschheit ist einen Schritt weiter gegangen: Sexualität wurde Ziel in sich. Alle Spielarten stehen zur Disposition bis hin zur totalen Aufgabe des Menschlichen. Der Sexwahn wird zum Totengräber des Lebens.

Das ist keine Sache des Glaubens, sondern eine der Vernunft. Wenn Leben auf diesem Planeten einen Sinn und ein Ziel haben soll, dann kann und wird die Natur diese Herausforderung nicht unbeantwortet lassen. Es ist nur eine Frage der Zeit. Eine prominente Feministin hat das Problem auf die Formel gebracht: Die Pille ist der größte Sieg des Mannes über die Frau! Er wird sich als Pyrrhus-Sieg herausstellen, als tragischer Scheinsieg.

Als prophetisch weitsichtiger Mann hat sich nach vier Jahrzehnten Papst Paul VI. erwiesen mit seiner berühmten Enzyklika „Humanae vitae“ aus dem Jahre 1968 zur Empfängnisverhütung. Selbst in der Kirche wurde er von vielen nicht verstanden. Ein Beweis war die Stellungnahme der Deutschen Bischofskonferenz in der „Königsteiner Erklärung“, in der die Aussagen des Papstes abgeschwächt wurden, weil man sich dem Echo in der deutschen Öffentlichkeit nicht stellen wollte. Ich selber habe mich damals ebenfalls den Kritikern angeschlossen und dies u. a. im amerikanischen US-Magazin *Time* zum Ausdruck gebracht. Allerdings ging es mir damals eher um den Stil des Rundschreibens als um den Inhalt. Aber der Papst lag richtig, wie sich immer mehr erweist, und nicht seine Kritiker. Wenn ich könnte, würde ich ihn noch heute um Verzeihung bitten.

Die große Verliererin ist die Frau geworden. Die sexuelle Befreiung war keine Befreiung, sondern eine neue Art von Versklavung. Sie wurde zum Sex-Götzen, ja zur Sex-Puppe. Und immer mehr Frauen werden sich dessen bewusst. Sie wurden um ihre wahre Identität gebracht.

Um die Jahrtausendwende begann sich in den Reihen intelligenter Frauen Widerstand zu regen, der Versuch, nach 40 Jahren Indoktrination durch die Männer ihr wahres Wesen wiederzufinden. Zur Vorreiterin wurde Dr. Alice Hildebrand, Professorin an der New York City University, mit ihrem Buch *The Privilege of Being a Woman* (Das Vorrecht, eine Frau zu sein). Einsam stand sie am Anfang mit ihrer Veröffentlichung da. Der Versuch der Frauen, Gleichberechtigung mit dem Mann dadurch zu erzielen, dass sie ihn nachahmen, sei – so wollte sie nachweisen – ein wahnsinniger, destruktiver Weg, über den sie sich selber aufgeben.

Sie führt ihren Geschlechtsgenossinnen die Gestalt Marias, der Mutter Jesu vor Augen. Die Rolle, die diese bei der Menschwerdung Gottes gespielt habe, verdeutliche das große Vorrecht, eine Frau zu sein. Indem sie Jungfrau und Mutter zugleich war, wurde an ihr das große Geschenk der Reinheit offenbar, die Empfängnisbereitschaft für Gottes Wort, somit Erzieherin des Lebens im höchsten Grade. Den Schöpfungsbericht in der Bibel, demzufolge Gott Eva aus der Seite Adams formte, was der Frau oft negativ ausgelegt wurde, sie sei ja nur eine Rippe des Mannes, weiß sie umgekehrt, vollkommen positiv zu deuten. Adam wurde aus dem Staub der Erde genommen, Eva bereits aus einem lebendigen Leib geformt.

Das Buch widmete sie „in dankbarer Liebe allen lieben Freundinnen, die es lieben, eine Frau zu sein". Nicht Simone de Beauvoir, die französische Schriftstellerin und Freundin des Philosophen J.P. Sartre, der den Ekel vor dem Leben predigte, sei die große Verbündete der Frauen, sondern Jesus aus Nazareth. Frauen erweisen sich als die Stärkeren. Maria Magdalena stand als einzige Jüngerin unter dem Kreuze und wurde erste Zeugin der Auferstehung. Selbst die Kirche sei – aus der Sicht katholischer Lehrmeinung – im apokalyptischen Sinne eine Frau. Maria bleibe die christliche Form des Weiblichen.

Zwanzig Jahre vor dieser Veröffentlichung war in Medjugorje die Frau nach den Träumen Gottes erschienen, im grauen Kleid, auf dem Kopf ein weißer Schleier. Sie offenbarte sich als Dienerin des Lebens, der weiße Schleier symbolisierte Vollkommenheit, das Urbild der Frau, Leitbild und Ausweg für eine in die Irre gegangene

Kultur des Todes, Mutter des Lebens, Demonstration für die Einmaligkeit eines jeden Einzelnen. In Medjugorje entdecken die Menschen, Männer und Frauen, den Urgrund ihrer eigenen Natur, den Schöpfungsauftrag an den Menschen – wachset und mehret euch. Und die Seher setzen in dieser Hinsicht leuchtende Beispiele.

Fast gleichzeitig mit Alice Hildebrand ging in Israel Wendy Shalit, Jahrgang 1975, auf die Barrikaden. Vom Sexualkundeunterricht in der Schule abgestoßen, weigerte sie sich, diesen zu besuchen. Aber das Trauma des verantwortungslosen Umgangs mit dem Thema ließ sie nicht zur Ruhe kommen. 1999 veröffentlichte sie ihr Buch *A Return to Modesty: Discovering the Lost Virtue* (Rückkehr zur Zurückhaltung: Die Entdeckung einer verlorenen Tugend). Sie hat damit große Kontroversen ausgelöst und sich heftigen Angriffen ausgesetzt, aber auch Zustimmung und Unterstützung erhalten. Ihre Internetseite wurde als Gegengift gegen die Vulgarisierung auf Magazinseiten, im Fernsehen, in Rundfunksendern, Filmen und Bühnenshows bezeichnet. Sie stellt junge Frauen heraus, die Zurückhaltung, Intelligenz und Integrität an Beispielen veranschaulichen.

Zu einem Schock ist in Amerika das Buch *Unprotected* (Unbeschützt) der Ärztin Dr. Miriam Grossmann geworden. Sie hat es zunächst unter einem Pseudonym herausgebracht, weil sie um ihren Job beim Gesundheitsdienst der University of California in Los Angeles bangen musste. Darin prangert sie die Atmosphäre an den amerikanischen Universitäten an, in denen Mädchen praktisch zum Freiwild geworden sind. Sie spricht von einer „Hook-Up-Kultur" – frei übersetzt: Prostituierten-Kultur. Den Mädchen wird suggeriert, dass es „in" ist (man macht es so), sich Jungen für gelegentlichen Sex zur Verfügung zu stellen – ohne Gefühl und Gemüt. Das Ergebnis seien schwere seelische Dauerschäden bei vielen Mädchen – bis hin zu Gehirntumoren.

Die Ärztin kam dahinter, als Studentinnen über angebliche Studiumprobleme klagten. Genauere Analysen ergaben jeweils, dass es die soziale Sex-Ideologie war, die an den seelischen Leiden schuld war. Das Individuum gelte nichts, die soziale Ideologie beherrsche alles. Sie ruft Eltern dazu auf, ihre Töchter rechtzeitig gegen dieses Klima zu immunisieren, auf das sie an den Universitäten stoßen.

In Deutschland war es 2006 die Nachrichtensprecherin und Fernsehmoderatorin Eva Herman mit ihrem Buch *Das Eva-Prinzip*, mit dem sie sich für die Rückkehr zur Weiblichkeit und zu den eigentlichen Stärken der Frau einsetzte. Sie erntete zum Teil wütende Proteste und musste ihren Posten als Nachrichtensprecherin aufgeben. Aber das Echo zeigt, dass die Zeit überreif ist für ein neues Frauenbild – nicht für eine Rückkehr zum alten, sondern zu einem Selbstverständnis, das dem Wesen der Frau gerecht wird.

Am 1. August 1985 hatte die Madonna in ihrer Botschaft gesagt: „Ich rufe euch auf: Überlasst euch mir, damit ich euch dann Gott rein und ohne Sünde übergeben kann!“ Sich ihr überlassen meint, dem Frauenbild zu vertrauen, das sie verkörpert und das allein der Frau in der ihr in der zweiten Hälfte des 20. Jahrhunderts zugefügten Erniedrigung ihre Würde zurückgeben kann, wie es Dr. Alice Hildebrand aus New York ihren Geschlechtsgenossinnen 15 Jahre später empfohlen hat.

„Es hat doch mich“

Das große Ja zum Leben von Medjugorje hat noch andere Aspekte. Die Franziskaner, die die Gebetsstätte betreuen, haben sich während des grausamen Bürgerkrieges in den 90er Jahren als große Beschützer verlassener Kinder herausgestellt. Als Jozo Zovko, Pfarrer der Gemeinde, zu Anfang der Erscheinungen, während des Bürgerkrieges einmal im Fernsehen ein weinendes Kind sah, sagte er sich: „Warum weint dieses Kind, es hat doch mich?“ Es war der erste Schritt zu dem grandiosen Kinderhilfswerk „Internationale Geistliche Patenschaften für Kinder in Bosnien-Herzegowina“. Dazu gehören Soforthilfe für Kriegswaisen oder für ein Kind aus einer bedürftigen kinderreichen Vollfamilie, Patenschaften für Kriegswaisen, Unterhalt eines Mädchenwaisenhauses, das „Institut der Heiligen Familie“ in Siroki Brijeg, unweit von Medjugorje, sowie ein Zentrum für Kinder mit körperlicher oder geistiger Entwicklungsstörung„Maria, unsere Hoffnung“. Lange nach Beendigung des Bosnienkrieges war die ausgelöste soziale Not nicht überwunden. Anhaltende Wirtschaftsmisere, nicht funktionsfähige Staatsorgane, fehlende Sozialleistungen verlängerten die Nöte der Bevölkerung. Die von Medjugorje angestoßene Hilfe war deshalb von unschätzbarem Wert. Auf fast 4.500 beläuft sich die Zahl der von Jozo Zovko seit dem Bürgerkrieg betreuten Kinder.

In Deutschland heißt das Werk „Familie von Medjugorje“. Verantwortlich dafür zeichnet Radegund Jung aus Roetgen in der Eifel. In den Jahren von 1993 bis 2006 hat sie, eine „schwache“ Frau, neben ihrer beruflichen

Tätigkeit u.a. Patenschaftsbeiträge und freie Spenden in Höhe von 2.432.891,66 Euro zusammengetragen, eine schwindelerregende Summe.

In Medjugorje selbst hat der im Jahre 2000 verstorbene Slavko Barbaric ein „Mutterdorf“ gegründet, in dem Waisen, Halbwaisen und Kinder aus zerrütteten Ehen Zuflucht finden. Das Dorf ermöglicht 60 bis 70 Kindern mit Hilfe von Ordensschwestern, ein geregeltes Familienleben zu haben, es bietet ihnen gute Erziehung und Ausbildung und hilft ihnen, einen Arbeitsplatz zu finden. Auch die Seherin Vicka Ivankovic bringt sich mit ihrem Mann in das Leben des Dorfes ein. Außerdem hat Pater Barbaric einen „Fonds“ für kinderreiche Familien eingerichtet, eine „Gemeinschaft des Barmherzigen Vaters“ mit einem Drogenentziehungsprogramm für junge Männer und einem „Medikamentenfond“.

Eine dritte Initiative dieser Art, „Ranjana obitelj“ (Verwundete Familie), hat in Vionica bei Citluk, in Reichweite von Medjugorje, Schwester Josipa Cordic ins Leben gerufen. Nach ihrem Tode hat ihre leibliche Schwester, Schwester Cornelia, die Aufgabe übernommen. In zwei Häusern finden jeweils ständig 80 bis 120 Kinder Unterschlupf. Im Augenblick ist ein Altenheim in Bau, in dem allein gelassene betagte Menschen aufgenommen werden, die nichts besitzen und niemanden haben. Es wurde u.a. von Deutschland aus seit 1993 finanziell massiv von dem im ersten Kapitel erwähnten Franziskaner Pater Dominikus Ramljak unterstützt.

Neuer Geist

Neben der Rettung des leiblichen Lebens haben sich in Medjugorje neue Gemeinschaften niedergelassen, die sich der Pflege und Rettung des geistigen Lebens in der modernen Welt widmen. Sie haben zum Teil ganz neue Strukturen. Ihnen können Menschen verschiedener Stände angehören, Eheleute, zölibatär lebende Menschen, Laien und Priester.

Die von dem italienischen Geistlichen Gianni Sgreva gegründete und von Medjugorje inspirierte „Oase de la Pace" hat inzwischen 110 Mitglieder und wirkt in einigen Ländern. Ihr Ziel ist die geistige Erneuerung der Kirche und die kulturelle Erneuerung der ganzen Gesellschaft. Sie möchte den Menschen vor allem eine gesündere Lebensweise anbieten. Pater Sgreva bin ich 1990 begegnet, als Marija Pavlovic mich zu einem Termin bestellt hatte. Sie machte uns einander bekannt.

Dabei kam es zu einem seltsamen Vorfall. Als ich das Haus der Seherin betrat, sah ich im Vorraum eine Gruppe von Italienern, unter ihnen einige Priester. Sie kamen auf mich zu und fragten, ob ich ihnen den Vortritt lassen würde. Sie seien nach mir bestellt. Selbstverständlich willigte ich ein. Als Marija aus dem Nebenzimmer trat, teilte man ihr meine Bereitschaft mit, zu warten. Zum Erstaunen aller, auch zu meinem eigenen, winkte sie ab und sagte: „Tut mir leid, Ihr müsst dennoch etwas warten" und führte mich in den Nebenraum. Anschließend hatten wir ein etwa zwanzig Minuten dauerndes Gespräch. Als es beendet war, nahm sie mich am Arm, öffnete die Tür, rief Pater Sgreva zu sich und sagte: „Ich will Ihnen sagen, Herr Pater, warum Sie warten mussten. Diesen Mann hier aus Deutschland hat sich die Gottesmutter zurückgeholt." Daraufhin kam der Pater auf mich zu und umarmte mich herzlich. Ich habe Marija Pavlovic später nie nach dem tieferen Sinn dieser Bemerkung gefragt. Aber sie hat mich nie mehr losgelassen.

Zwei Niederlassungen in Medjugorje hat die „Gemeinschaft der Seligpreisungen", 1973 in Frankreich von dem Ehepaar Ephraim und Josette Croissant ins Leben gerufen. Sie zählt bereits 1.500 Mitglieder und ist in zahlreichen Ländern der Erde verbreitet. Sie besitzt eine große Ausstrahlung und ist von beeindruckender geistlicher Dynamik. Eine kurze Zeit trug sich eine meiner indischen Töchter mit dem Gedanken, der Gemeinschaft in Deutschland beizutreten. Eine weitere Gemeinschaft ist „Kraljica mira" (Königin des Friedens). Sie hat vorwiegend kontemplativen Charakter.

In der „Gemeinschaft Cenacolo" können ehemalige Drogenabhängige ein Zuhause finden. Ihre künstlerischen Tätigkeiten sind ein besonderer Anziehungspunkt für die Pilger geworden. Das Anwesen liegt in unmittelbarer Nachbarschaft des Hauses der Seherin Marija Pavlovic. Beim jährlichen Jugendfestival Ende Juli, zu dem etwa 20.000 bis 30.000 junge Menschen aus der ganzen Welt eintreffen, beeindrucken die Mitglieder der Gemeinschaft ihre Altersgenossen durch sakrale Theatervorstellungen.

Das Bild wäre nicht abgerundet, wollte man den geistigen Beitrag Medjugorjes für das immer wichtiger werdende Umweltbewusstsein auslassen. In den 80er und 90er Jahren steuerte die Umweltzerstörung ihrem ersten Höhepunkte zu. Heute steht die Menschheit unter dem Schock der sich anbahnenden, wahrscheinlich vom Menschen ausgelösten Klimaveränderung. Wissenschaftler schließen in ihren Spekulationen nicht aus, dass diese die Erdentwicklung in die Zeit der Dinosaurier zurückwerfen könnte. Am 25. August 1990 rief die Madonna in einer Botschaft dazu auf, „... den Schöpfer in den Farben der Natur zu verherrlichen. Er spricht zu euch auch in der kleinsten Blume über Seine Schönheit und über die Tiefe der Liebe, mit der Er euch erschaffen hat."

Das weist darauf hin, dass der Mensch ab einer bestimmten Entwicklungsstufe, auch der zivilisatorischen Entwicklung, der Naturmystik bedarf, wenn er die Grundlagen des Lebens nicht zerstören will. Der Mensch kann nicht drauflosswirtschaften, nicht drauflosserfinden. Er steht in Beziehung zum ganzen Kosmos, aber vor allem ist er eingebettet in einen Schöpfungsplan, aus dem er nicht ausbrechen kann, es sei denn, er wählt freiwillig den Abgrund. Davor wollen ihn die Botschaften von Medjugorje bewahren. Es geht um die Rettung der Menschheit, das Heil des Menschen, seine Ausrichtung auf das ihm vom Schöpfer gesetzte Ziel.

Fasst man die verschiedenen Initiativen in Medjugorje zusammen, angefangen von den Familiengründungen der Seher und der Mitglieder des Gebetskreises über die beispiellose Sorge um Kinder und Waisen, über die Gemeinschaften, die hohe Kultur und anspruchsvolle Spiritualität für den Menschen im Auge haben, über den Aufruf zum Frieden als Fundament eines geordneten Daseins, so bleibt nur eine Schlussfolgerung: Medjugorje ist nicht nur ein Bekenntnis, nicht nur eine Prophetie, es ist ein Aufschrei des Lebens, ein Aufschrei rund um die Welt, die bisher größte Schicksalsstunde der Menschheit nicht tatenlos verstreichen zu lassen.

Kapitel IX

Übernatur und Identität

Schlimmste Krise der Geschichte

In Medjugorje ist das Übernatürliche wieder zur Geltung gekommen, hat dort seine richtige Einordnung gefunden, die es in der Kirche in den letzten Jahrzehnten gerade in der westlichen Welt immer mehr zu verlieren drohte und – wie die Atmosphäre in vielen Gemeinden zeigt – immer noch verliert. Am deutlichsten tritt dies in der Diskussion um die Kirche zutage, wie es am Beispiel des Volksbegehrens zu beobachten war. Die Sprachregelungen verrieten ein Bild, in dem sie nur noch als „eine Art Verein" sichtbar ist, in dem es vor allem um Machtverteilung geht. Jeder, dem auch nur annähernd bewusst war, was Kirche ist, konnte dabei nur schmerzhaft zusammenzucken.

Sehr klarsichtig hat das seinerzeit schon der damalige Kardinal Joseph Ratzinger in seinem Buch *Salz der Erde* beklagt: „Wir sind ja nicht in der Kirche, um dort in einem Verein Macht auszuüben. Wenn Zugehören zur Kirche überhaupt einen Sinn hat, dann doch nur den, dass sie uns das ewige Leben gibt." Und 1991 schrieb er: „Nicht eine menschlichere Kirche brauchen wir, sondern eine göttlichere, dann wird sie auch wahrhaft menschlich werden." Und der zum Kardinal erhobene Jesuit Avery Dulles meinte, viele täten heute so, als könnte man die Kirche „wie Vereine, je nach dem Wollen irgendeiner Gruppe gleichgesinnter Christen organisieren ... Der sakramentale Kirchenbegriff dagegen wahrt die Vorrangigkeit der Tat Gottes."

Am Beispiel des Gerangels um das richtige Kirchenverständnis – vor allem im deutschsprachigen Raum und in den Vereinigten Staaten – zeigt sich die Krise des Übernatürlichen. Immer wieder gibt es Versuche, sie von unten her oder durch die Hintertür zu „demokratisieren". Aber Kirche ist nicht Herrschaft von unten, sondern Geschenk von oben und deshalb letzten Endes ein Geheimnis.

Schon 1965 hat der große deutsche, später in Amerika wirkende Philosoph Dietrich von Hildebrand (1889 – 1977) Papst Paul VI. auf diese Gefahr aufmerksam gemacht. Wörtlich sagte er zum Papst: „Heiligkeit, ist Ihnen bewusst, dass die Kirche durch die schlimmste Krise ihrer Geschichte geht, schlimmer als die protestantische Reformation?" Der Papst sei sehr überrascht gewesen. Es ist das große Verdienst seiner Ehefrau, Dr. Alice Hildebrand, frühere Professorin an der New York City University, in dem bedeutsamen Aufsatz *Der säkulare Krieg gegen das Übernatürliche* (The secular war on the supernatural) daran erinnert zu haben.

Wer war dieser prophetisch denkende Mann? Geboren in Florenz, gestorben in New York. Er studierte in München und Göttingen Philosophie und promovierte bei dem berühmten Professor Edmund Husserl, dessen Mitarbeiterin auch Edith Stein war, die dieser allerdings, weil sie eine Frau war, weniger gut behandelte. Wegen seines Widerstandes gegen die Nazis musste Hildebrand in die USA fliehen. Mit 25 Jahren fasste er den Entschluss, katholisch zu werden. Vorher war er Atheist. Er gilt als einer der großen katholischen Philosophen des 20. Jahrhunderts und verfasste mehrere Bücher über die Krise nach dem zweiten Vatikanischen Konzil. Über 20 Jahre unterrichtete er an der Jesuiten-Hochschule Fordham in Rose Hill, Bronx, New York. In dem Buch *Die Seele des Löwen* hat seine Frau das beeindruckende Profil dieses Mannes gezeichnet, der u.a. entschieden gegen den Missbrauch des Sexualkundeunterrichtes in den 70er Jahren vorgegangen ist und eine tiefe Mystik der Ehe und der Sexualität veröffentlicht hat.

Es ist anzunehmen, dass Medjugorje für ihn eine Freude gewesen wäre, hätte er es erlebt. Eben dort erfahren die Menschen keine bedrückende, gängelnde kirchliche Organisation, keine fanatische Einseitigkeit, sie erleben dort Kirche als Mysterium, eine anbetende, eine büßende, eine sühnende, eine Verzeihen schenkende Kirche, eine klare Liturgie und eine Sammlung auf das Wesentliche.

Unter dem Übernatürlichen verstehen wir das die sinnliche Natur, das sinnliche Wahrnehmungsvermögen Überragende: Gott, Geist. Das Übernatürliche bleibt für den Menschen aus eigener Kraft unerreichbar. Es ist für ihn nicht machbar. Die Übernatur ist ein großes Geschenk Gottes an den Menschen. Schon das natürliche Leben ist ein Geschenk, der Mensch vermag nicht, es sich selbst zu geben, er bekommt es vermittelt, zunächst von den Eltern, aber als Erstursache von Gott. In einem noch größeren Maß ist die Übernatur ein Geschenk, ein neues, ein zusätzliches Leben. Das Größte und Endgültige ist die Teilnahme am göttlichen Leben.

Die ganze Atmosphäre

In Medjugorje scheint die ganze Atmosphäre übernatürlich erfüllt zu sein. Das liegt nicht nur an den Erscheinungen, die von den Sehern nach 25 Jahren immer noch bezeugt werden, es liegt auch an dem, was die Menschen an der Gebetsstätte ausstrahlen, wenn sie den Erscheinungsberg oder den Kreuzberg besteigen, wenn sie allein, in sich versunken den Rosenkranz beten oder in Gruppen auf den Bergen beziehungsweise in und um die Kirche herum.

Die vom wirtschaftlichen Erfolg besessene Zivilisation, die auf Einschaltquoten fixierten elektronischen Medien, die auf Gewinn ausgerichteten Druckerzeugnisse ersticken jedes Gespür für das Übernatürliche. Den Glauben daran ersetzen sie durch Fiktionen, Utopien, künstliche Welten, die man ein- und ausklicken kann, alles im Rahmen eines auf die Materie gegründeten und von der Materie begrenzten Daseins.

In Medjugorje brechen die Menschen aus dieser Welt aus oder werden durch die Gnade aus ihr herausgeholt. Inge Brück, frühere bekannte Chanson-Sängerin, sagte nach einem Besuch auf dem Erscheinungsberg im Herbst 2006: „Viele Menschen sind inzwischen frei geworden, die Dinge vom Logos her zu erkennen." Ein Ehepaar aus Hamburg erzählte dem Verfasser, sie hätten einmal eine Woche an der Gebetsstätte verbracht. Anschließend wollten sie ein paar Tage an der dalmatinischen Küste am Strand verbringen. Aber schon am zweiten Tag schauten sie sich an und fragten einander: Was machen wir eigentlich hier? Sind wir noch zu retten? Dann packten sie ihre Koffer und fuhren heim, mit dem festen Vorsatz, bald wieder nach Medjugorje zurückzukehren. Diesen Plan haben sie dann auch verwirklicht.

Umgekehrt kann man erleben, dass Menschen an der Küste ihre Ferien verbringen und dann kurz für ein paar Stunden einen Ausflug nach Medjugorje machen. Die meisten kehren enttäuscht zurück. Verständlich. Luxusurlaub und Medjugorje sind miteinander unvereinbar. Nach Medjugorje fährt man als Suchender, mit dem Vorsatz, eine Wende im Leben zu wagen oder zu erbitten. Und die meisten kommen nicht enttäuscht, sondern reich beschenkt zurück. Wer die Absicht hat, Medjugorje als Tourist zu besuchen, sollte sich Kosten und Zeit sparen. Er kommt unter Umständen ärmer zurück als er angereist ist, denn eine große Gnade könnte spurlos an ihm vorübergegangen sein.

Entgegen dem Trend in der ganzen Welt, und zum Teil auch in der Kirche, war Medjugorje von Anfang an eine Herausforderung, sich der Übernatur vorbehaltlos zu öffnen. Schon 1986 hieß es am 27. November: „Ich wünsche, dass ihr begreift, dass das irdische Leben im Vergleich zum ewigen Leben sehr kurz ist." Der Blick wurde kompromisslos auf die Übernatur gelenkt. Und zwanzig Jahre danach ist der Stil unverändert. Am 25. September 2006 hieß es: „Nur im Gebet werdet ihr mir und meinem Sohn nahe sein, und ihr werdet erkennen, wie kurz dieses Leben ist. In eurem Herzen wird die Sehnsucht nach dem Himmel geboren." Und am 25. November 2006 folgt die massive Wiederholung: „Ihr seid so blind und gebunden an irdische Dinge und denkt an das irdische Leben. Gott hat mich gesandt, um euch zum ewigen Leben zu führen." Mit anderen Worten, wir sind nicht in der Lage und nicht willens, über die Natur hinaus zu denken. Sie ist gekommen, um unseren Blick auf das Übernatürliche zu lenken. Ewigkeit geht über die Natur hinaus, löst Zeit und Raum auf.

Die ersten Christen waren sich des hohen Wertes des Übernatürlichen bewusst. Wie sonst hätten sie die großen Opfer bringen können, die ihnen auferlegt wurden. Nicht von ungefähr fühlen sich viele Pilger in Medjugorje in die Zeit des Urchristentums zurückversetzt. Viele sind, das haben die enormen Hilfsaktionen während des Bürgerkrieges bewiesen, über sich hinausgewachsen, vor allem Frauen. Und es waren vor allem Laien. Priester haben ihre Initiativen bestenfalls abgesegnet. Die Kraft aus einer anderen Wirklichkeit hebt den Menschen über sich selbst hinaus.

Dietrich von Hildebrand hat sein Lebensziel darin gesehen, für die Wirklichkeit des Übernatürlichen zu kämpfen. Er war in die Kirche verliebt, weil er sie mit übernatürlichen Augen gesehen hat. An der Universität in München empfahlen ihm die Professoren, nicht von Religion zu sprechen, sondern von Metaphysik. Wahrscheinlich wurde auf diese Weise in ihm der Same für die Erkenntnis gelegt, dass man dem Übernatürlichen den Kampf ansagen werde, wie er es dann später gegenüber Papst Paul VI. geäußert hat. Immer klarer erkannte er jedoch, dass die menschliche Natur aus sich selbst heraus nicht vollkommen werden kann. Im Ohr müssen ihm die Worte Jesu geklungen haben, die dieser am Vorabend seiner Kreuzigung seinen Jüngern eingehämmert hat: „Wer in mir bleibt und in wem ich bleibe, der bringt reiche Frucht; denn getrennt von mir könnt ihr nichts vollbringen!" (Joh 15,5).

Hildebrands Frau, Dr. Alice Hildebrand, spricht von einer Erosion des Übernatürlichen, von einer absoluten Rebellion gegen das Übernatürliche. Sie hat nicht Unrecht. Man spürt es auch im kirchlichen Alltag, in den Gemeinden. Der Zweifel an ein Leben nach dem Tode hat sich tief hineingefressen in das Denken, in die Mentalität des westlichen Menschen, und damit jeden religiösen Elan erstickt. Der Mensch sieht in der Schuld keine Schuld mehr, er klagt seine Eltern an, die ihm das von Sigmund Freud erfundene Über-Ich, eine Art seelischer Zwangsjacke, aufgestülpt hätten, er klagt seine Gene an, die Gesellschaft, nur nicht sich selbst. Dieses Denken hat die Politik vergiftet, das Rechts- und Erziehungswesen. Der Mensch sträubt sich, das Knie zu beugen, sich zu Verfehlungen zu bekennen, sich an die Brust zu schlagen, Ja zum wahren Leben zu sagen.

Wenn Menschen Medjugorje ablehnen, man spürt es oft, dann schimmert in dieser Verneinung Angst vor der Wirklichkeit Gottes durch. „Ich bin die Wahrheit“, diese Worte hat Jesus in seiner Abschiedsrede seinen Jüngern unauslöschlich ins Gedächtnis eingebrannt. Und am nächsten Tag hat er es vor dem römischen Richter und Statthalter, vor Pontius Pilatus, wiederholt: „Ich bin dazu geboren und dazu in die Welt gekommen, dass ich für die Wahrheit Zeugnis ablege. Jeder, der aus der Wahrheit ist, hört auf meine Stimme“ (Joh 18,37). Und der Römer konnte darauf nur zynisch antworten: „Was ist Wahrheit?“ Wahrheit heißt unverfälschte Wirklichkeit, diesseits und jenseits unserer Welt.

In abgewandelter Form sagt das auch die Madonna. „Ich bin gekommen, um Zeugnis abzulegen von der übernatürlichen Wirklichkeit.“ Aber sobald es gilt, die Wahrheit ins Leben umzusetzen, schreckt der Mensch zurück. Das war bei Pilatus so, und so ist es mit der Moderne und mit der Postmoderne.

Nur die Erneuerungsbewegungen, die charismatischen, versuchen sich von diesem „mainstream“, diesem Zeitstrom zu lösen, unter ihnen in besonderer Weise

Medjugorje. Dort wurde die sakramentale übernatürliche Wirklichkeit wieder entdeckt, vom ersten Tag an, vor allem aber im Sakrament der Versöhnung. Das „Geh hin in Frieden, deine Sünden sind dir vergeben“ hat unzählige Menschen nicht nur aufgerichtet, es hat ihnen das Leben neu geschenkt. Ein 84-jähriger Mann sagte mir, als er aus dem Beichtstuhl kam: „Ich fühle mich wie neu geboren“, und machte damit eine wesentliche Aussage. Den Verlust des übernatürlichen Lebens kann nur Gott ausgleichen, nur Gott kann es wiedergeben. Und die Seherin Marija Pavlovic meinte: „Bei Gott ist immer die Stunde Null.“ Das heißt, bei Gott und mit Gott besteht immer die Chance, neu anzufangen.

Wenn Medjugorje-Anhänger sich irgendwo in der Welt als solche erkennen, fallen sie sich nicht selten um den Hals. Es ist die gleiche Wellenlänge, auf der sie sich bewegen, die Verbindung zur Übernatur, die mehr bedeutet als Kontakte über das Internet. Sie betreffen eine andere Seinsstufe.

Wein in Wasser

Ein Einbruch von unvorstellbarem Ausmaß ist den Gegnern jeder Übernatur im Bereich der Bibelwissenschaften gelungen. Millionen und Abermillionen Menschen wurde dadurch die Basis des Glaubens entzogen. Das war auch die Absicht der Initiatoren. Indem sie sich dem Zeitgeist anzupassen versuchten, indem sie sich von krankhaftem Ehrgeiz hinreißen ließen, unbedingt und um jeden Preis als Wissenschaft anerkannt zu werden, haben sie die Schrift Schritt für Schritt mit mikroskopischer Analyse und wechselnden Techniken ihres übernatürlichen Charakters entkleidet, jede Andeutung, jeden Hinweis auf Übernatur ausgemerzt und sie bestenfalls gönnerhaft als frommes Erbauungsbuch gelten lassen. Jesus, der liebenswerteste Mensch, der Sozialrevolutionär, der Rebell gegen den Tempel – mehr blieb nicht übrig vom Mensch gewordenen Gott. Die Kirchen leerten sich mehr und mehr und leeren sich weiter, wo Geistliche, als Beamte gut versorgt, weiter und ungestört das Übernatürliche in der Schrift vor den Augen und Ohren ihrer Gläubigen weginterpretieren dürfen.

Von Sören Kierkegaard (1813 – 1855), einem dänischen Philosophen und Theologen, stammen die bitteren Worte: „Jesus hat Wasser in Wein verwandelt. Moderne Theologen verwandeln Wein in Wasser.“ Mehr noch als im 19. ist dies im 20. Jahrhundert geschehen. Obwohl er evangelischer Theologe war, ist seine Warnung gerade in der evangelischen Kirche nicht auf fruchtbaren Boden gefallen.

Kierkegaard sprach von der „Kreuzigung des Verstandes“, nicht als ob er ihn gering geschätzt hätte, im Gegenteil, er hielt ihn als Korrektiv für den Glauben für notwendig. Aber der Verstand müsse sich seines Scheiterns bewusst sein, weil er an Grenzen stößt. Erst dann öffne sich der Mensch zum Glauben. Für Kierkegaard, der sehr jung aus dem Leben geschieden ist, war Christus so gegenwärtig, dass daneben die zweitausend Jahre seit seinem Tode wie ungültig schienen.

Vor diesem Hintergrund erkennt man die brennende Aktualität einer Botschaft vom 25.6.91 in Medjugorje: „Wenn ihr betet, wird Gott euch helfen, den wahren Grund meines Kommens zu entdecken. Deshalb, meine lieben Kinder, betet und lest die Heilige Schrift, damit ihr durch die Heilige Schrift die Botschaft für euch durch mein wiederholtes Kommen entdeckt." Nicht kalte Analyse erschließt einem also die ganze Tiefe und Breite der Schrift, das durch alle Zeiten und Kulturen hindurch unermüdliche Werben Gottes um den Menschen, sondern das Gebet.

Und am 25. August 1993 geht sie einen Schritt weiter: „Lest die Heilige Schrift, lebt sie und betet, damit ihr die Zeichen dieser Zeit begreifen könnt." Es kommt nicht darauf an, die Schrift ständig zu zitieren, sondern sie zu leben. Erst dadurch bekommt der Mensch ein Auge, ein Gespür für die Zeichen der Zeit, die dann für ihn zu Wegweisern werden. Und an der Schwelle eines neuen Jahrtausends aktualisierte sie noch einmal ihr Anliegen: „Erneuert das Gebet in euren Familien. Legt die Heilige Schrift an einen sichtbaren Platz in euren Familien, lest sie, betrachtet sie und lernt, wie Gott sein Volk liebt. Seine Liebe zeigt sich auch in der heutigen Zeit, weil Er mich sendet, um euch auf den Weg des Heils zu rufen."

Ich-Findung

Weil Gläubige in Medjugorje den Weg zum Übernatürlichen finden oder wiederfinden, entdecken sie dort auch ihre christliche Identität, ein nicht nur theologisch, sondern auch psychologisch und sozialpsychologisch bedeutendes Problem. Identität ist ein viel benutzter Begriff, obwohl noch wenig aufgearbeitet. Man spricht von mangelnder, unterentwickelter, von gesellschaftlicher, von nationaler und von religiöser, von individueller Identität. Bahnbrechende Arbeit hat auf diesem Gebiet Erik Erikson (1902 – 1994) geleistet. Er war ein Kind dänischstämmiger Eltern und wurde als deutsch-amerikanischer Psychoanalytiker bekannt, vor allem durch seine Untersuchungen über Martin Luther und Mahatma Gandhi.

Für Erikson ist Identität „ein Wissen um die eigene Unverwechselbarkeit und deren Bejahung, d.h. Verinnerlichung“. Am Ende der Reifezeit (Pubertät) müsse der Mensch die Fülle von Erfahrungen aus seiner Kindheit verarbeitet haben, um für die Aufgaben des Erwachsenen gerüstet zu sein.

Viele Christen bleiben in ihrer Glaubenswelt in der Kindheit stecken, haben die Grundlagen dieses Glaubens nie verinnerlicht, die sie von den Eltern, dem Milieu, vermittelt bekommen haben und sind deshalb den Herausforderungen der säkularen, immer aggressiver werdenden Umwelt nicht gewachsen. Geradezu leichtfüßig, wie Kinder, verlassen sie die Kirche. Man kann es bei Bekenntnissen bekannter Fernsehstars beobachten. Sie berufen sich auf eine christliche Kindheit, darauf, dass sie einmal Messdiener waren, aber sie haben sich das Christentum nie zu eigen gemacht, sie legen es ab wie ein nicht mehr brauchbares, abgenutztes Kinderkleid. Sie konnten nie eine christliche Identität entwickeln.

Es ist interessant, dass Erikson – zumindest was seine letzten Jahre angeht – und Medjugorje zeitgleich liegen. Ersterer hat den Menschen bewusst gemacht, dass sie eine Entwicklungsstufe erreicht haben, in der sie nicht mehr nur als gesteuertes Kollektiv leben können, sondern sich auch als Glied der Gesellschaft ihrer individuellen Eigenart bewusst sein sollten.

In Medjugorje wird von Anfang an die Bedeutung jedes Einzelnen herausgestellt, was am anschaulichsten an den Sehern erlebbar ist. Sie sind unverwechselbar, treten nie als Kollektiv auf, handeln nie als Kollektiv. Sie sind vom Charakter her, vom Temperament, von der Lebensgestaltung vollkommen verschieden und haben auch als Visionäre, so sagen sie, von der Madonna spezielle Aufgaben zugewiesen bekommen. Sie haben ein starkes Identitätsbewusstsein. Lediglich bei großen religiösen Feiern treten sie gemeinsam auf, aber auch dann nur für sehr kurz.

Durch Medjugorje wird der Mensch auf seine persönliche Verantwortung, auf sein Gewissen verwiesen. Schon die Tatsache, dass Gläubige trotz vieler Vorbehalte in ihrem Umfeld, trotz Vorurteilen von Seelsorgern und Bischöfen, sich freiwillig und ohne Zwang gegen vielseitigen Widerstand dazu entscheiden, dorthin zu pilgern, um zu beten, anzubeten, sich dem Übernatürlichen zu stellen, zu büßen, zu sühnen, oft nach vielen Jahren die Sakramente zu empfangen, sein Leben neu zu ordnen, führt dazu, dass sie auf der religiösen Ebene erwachsen werden, bereit, für sich und andere Verantwortung zu übernehmen. Am sichtbarsten wird dies, wenn er als Pilger seine Trägheit überwindend auf den Kreuzberg geht, vor den Stationen das Leiden und den Opfertod Jesu an sich vorüberziehen lässt, allein oder mit anderen. Auf diese Weise meditiert und überdenkt er seine Beziehung zu einem Gott, der es nicht unter seiner Würde fand, uns gleich zu werden.

Ich-Identität bildet sich im Kontakt mit anderen heraus, in dem Bewusstsein, auf diesen Kontakt, diesen Austausch angewiesen zu sein und doch nicht nur Nehmender, sondern auch Gebender zu sein. Das erfährt er in betender Gemeinschaft auf dem Erscheinungsberg und auf dem Kreuzberg. Dort stellt er sich erst der Mutter Jesu, der Frau nach den Träumen Gottes, dann dem Gottmenschen selber, dem Wort Gottes, das auf die Erde gekommen ist, um uns daran zu erinnern, dass wir nicht Zufallsprodukte der Evolution sind, sondern in einer Beziehung zu Gott stehen. Dieser sollen wir uns bewusst werden und sie vertiefen, eine Aufgabe, die uns niemand abnehmen kann, weder Vater noch Mutter, weder Ehepartner, weder Kinder noch Freunde. Auf diese Weise hat sich bei Menschen aus aller Welt in Medjugorje die Ich-Findung vollzogen. Sie haben Entscheidungen gefällt, zu denen sie vorher nicht fähig gewesen waren, manche haben dem Glanz der Welt den Rücken gekehrt und sind einer Ordensgemeinschaft beigetreten, manche in die Mission gegangen. Andere haben auf ihr Vermögen verzichtet und Reichtum in Armut vertauscht, um sich selbst zu finden. Auf jeden Fall sind sie selbstbewusster in ihre Heimatgemeinden zurückgekehrt. Bewusster geworden sind sie sich auch der Gnade, die ihnen in der Taufe geschenkt wurde, und dankbarer dafür, der Kirche Jesu anzugehören.

Intuitiv hat das Problem der Identität Dietrich Bonhoeffer (1906 – 1945) zum Ausdruck gebracht. Er wurde als einer der Letzten vor dem Zusammenbruch des Naziregimes umgebracht, am 9. April 1945. Er war evangelisch-lutheranischer Theologe, der die Bedeutung der Nachfolge Jesu und der Bergpredigt herausstellte und in seinem Leben zu verwirklichen suchte. In folgenden Versen hat er seine Sehnsucht nach einem wahren Ich-Bewusstsein zu Papier gebracht:

„Wer bin ich?
Bin ich das wirklich,
was andere von mir sagen?
Oder bin ich nur das
was ich selbst von mir weiß?

Wer bin ich, dieser oder jener?
Bin ich denn heute dieser
und morgen ein anderer?
Bin ich beides zugleich?

Wer bin ich?
Einsames Fragen treibt mit mir Spott.
Wer ich auch bin, Du kennst mich,
Dein bin ich, o Gott!"

Für den von Hitler Ermordeten kommt christliche Identität aus der Beziehung zu Gott. Identitätssuche ist verschleierte Suche nach Geborgenheit in Gott. Und hier kommen wir hinter das große Geheimnis der vielen Menschen, der vielen Gottsucher in Medjugorje, die dort geistige Heimat und Geborgenheit gefunden haben. Die Unverwechselbarkeit, die Einmaligkeit kann nur Gott dem Menschen geben. In der Anbetung – wie in einem der vorausgegangenen Kapitel bereits erläutert –, im Dialog mit dem menschgewordenen Gott, erkennt der Mensch, wer er ist und kann Ja zu sich selbst sagen. Er kann auch bereit und unersetzbar sein, wenn es gilt, am Heil dieses oder jenes Menschen mitzuwirken. In Medjugorje wird unendlich viel für andere gebetet, für die, die daheim geblieben sind, für Kranke, für Glaubensferne, für hoffnungslos an die Versuchungen der Welt Versklavte, die das Scheitern ihrer ewigen Berufung schon in sich tragen.

Gescheiterte Verneinung

Dr. Tomislav Pervan, in den 80er – für Medjugorje entscheidenden – Jahren Pfarrer der Gemeinde, hat den auf dem Kreuzberg verstorbenen Pater Slavko Barbaric einmal als den Leon Bloy (1846 – 1917) von Medjugorje bezeichnet. Ein treffender Vergleich. Leon Bloy war ein zu Lebzeiten verkannter Schriftsteller, der im letzten Viertel des 20. Jahrhunderts, vor allem in Frankreich, neu entdeckt wurde. Vielleicht hat Medjugorje deshalb neben Italien vor allem in Frankreich ein so großes Echo gefunden. Bloy war ein Kronzeuge des Scheiterns der Verneinung des Göttlichen zu seiner Zeit, ein Verächter alles Liberalen und des satten Bürgertums. Von sich selbst und seinen Büchern sagte er, dass er nur für Gott schreibe. Nur für Gott schreiben hieß für ihn, gegen das Selbstgespräch des vernunftorientierten modernen Menschen sein, der selbstgefällig die Übernatur leugnet. Auf einsamer politischer Flur kämpfte er leidenschaftlich für eine radikale Glaubenserneuerung, ein Grund, warum er auch in der Kirche vielen unheimlich war und daher lieber verschwiegen wurde.

Für Leon Bloy war die Bibel nicht nur ein historischer Text, sondern eine Autobiographie Gottes, die auf eine andere Welt, eine andere Wirklichkeit verweist. Er war ein sprachbegabter Endzeitvisionär, dem Priester, die keine Verehrung für die Madonna hatten, suspekt vorkamen, ein großer Verehrer der heiligen „Jeanne d'Arc", die auf dem Scheiterhaufen starb. Für ihn war der Erste Weltkrieg nur ein Vorspiel für schlimmere Katastrophen, die noch kommen würden.

Nicht nur Slavko Barbaric ist mit Jeanne d'Arc vergleichbar. Die ganze Medjugorje-Bewegung ist es, mit einem Unterschied allerdings. Bloy schrieb aus eigener Vollmacht, hinter Medjugorje stehe die Autorität einer Frau aus der Ewigkeit, vor der, wegen ihrer totalen Verfügbarkeit den Plänen Gottes gegenüber, Chöre der Engel ihre Knie beugen. Bei der französischen Prophetin und Märtyrerin hieß es „Gott zuerst", in den Botschaften von Medjugorje hört man oft: „Setzt Gott an die erste Stelle!"

Medjugorje kämpft für eine radikale Glaubenserneuerung, deshalb muss es vielen unheimlich erscheinen, die in totaler Verkennung des Zweiten Vatikanischen Konzils keine Erneuerung anstreben, sondern Aushöhlung und Verwässerung. Durch seinen Aufruf zum zweimaligen wöchentlichen Fasten bei trockenem Brot und Wasser ist Medjugorje dem saturierten Wohlstandsbürger ein Ärgernis, wie Leon Bloy zu seiner Zeit seiner Umwelt.

Marianische Prophetie

Am 8. Dezember 2006, also am Feste „Mariä Unbefleckte Empfängnis", hat der Bischof von Basel (Schweiz), Kurt Koch, in Graz (Österreich), anlässlich des Amtsjubiläums seines Mitbruders Bischof Egon Kapellari einen ungewöhnlich tiefen Festvortrag gehalten, in dem er u. a. fragte: „Hängen das heutige Verdunsten des Geheimnisses der Kirche und das Verblassen der Marienfrömmigkeit nicht mehr miteinander zusammen, als uns bewusst ist?" In dem ganzen Vortrag wird Medjugorje nicht ein einziges Mal erwähnt, aber man hat den Eindruck, dass er Spiritualität von Medjugorje in Reinkultur atmet.

Gleich zu Anfang macht er darauf aufmerksam, dass in der Kirche nur drei Geburtstage gefeiert werden, die Geburt Jesu, Mariens und Johannes des Täufers. Bei allen anderen Heiligen ist es der Todestag, der eigentliche Geburtstag in das ewige Leben hinein. Erst im Tode lässt sich bei jedem Menschen sagen, ob sich sein Leben auf Gott hin erfüllt hat. Bei Johannes und Maria lag das von Anfang an fest. Johannes war der strenge Rufer zum Umdenken und zur Umkehr, der große Zeigefinger Gottes auf Jesus. Er hat seine ganze Lebensaufgabe ausschließlich darin gesehen, nur auf das Kommen des Herrn hinzuweisen.

„In ganz besonderer Weise zeichnen die prophetischen Eigenschaften auch Maria aus, jene glaubensstarke Frau, die ‚Aug in Aug' mit Gott gelebt hat und für sein Wort so sehr Ohr gewesen ist, dass sie selbst der Menschheit das Wort Gottes geboren hat. In dieser hörenden Grundhaltung ist Maria zum Urtyp der christlichen Propheten und Prophetinnen geworden." In Bethlehem habe sie den Sohn Gottes zur Welt gebracht, in Jerusalem sei sie dabei gewesen, als die Kirche geboren wurde. Sie sei in ihrer ganzen Person Mutter, auch Mutter der Kirche. Diese Frau stehe am Beginn der christlichen Heilsgeschichte.

„Die Weihnachtskrippen zeigen, dass die Kirche in erster Linie marianisch und erst in zweiter Linie petrinisch ist. In der Tradition hat man den Bischof als Repräsentanten des petrinischen Prinzips in Josef vorgebildet gesehen. Der blühende Stab, den er auf vielen Bildern trägt, wurde dahingehend gedeutet, dass in Josef der Urtyp des christlichen Bischofs erscheint."

„Wenn in Maria die in Christus bereits vollendete und gerettete Menschheit vor Augen tritt, dann erscheint die Vollendung der Schöpfung ausgerechnet in der Gestalt einer Frau … Der Vorrang der Frau gilt im christlichen Glauben freilich nicht erst bei der Vollendung, sondern bereits in der irdischen Kirche, die zuerst fraulich ist, wobei dieses ‚Zuerst' ein Bleibendes ist, wie der große Schweizer Theologe und Kardinal Hans Urs von Balthasar betont hat: In Maria ist die Kirche schon leibhaft, bevor sie in Petrus organisiert ist … Mit den Augen Mariens das Geheimnis der Kirche neu entdecken und von Maria her das Kirchesein zu lernen, ist ein dringendes Gebot der heutigen Stunde."

Kein Wunder, dass Urs von Balthasar Medjugorje verstanden hat und vor seinem Tode meinte, die größte Tragödie wäre es, die dortigen Ereignisse zu verkennen.

Das hier nur in wenigen, kurzen Auszügen Gesagte erleben die Menschen in Medjugorje. Davon werden sie geprägt. Am Fest Johannes des Täufers hat dort 1981 alles begonnen. Und da es Maria war, die an diesem Tag aus der Ewigkeit herausgetreten ist, lag von Anfang an nahe, dass es hier um eine marianische Prophetie ganz großen Stils gehen musste.

Der Basler Bischof lässt seinen Vortrag mit einer prophetischen Voraussage von Papst Benedikt XVI. aus den 60er Jahren, kurz nach dem Konzil, ausklingen. Der Theologe Ratzinger war damals überzeugt, dass aus einer „verinnerlichten und vereinfachten Kirche" eine große Kraft strömen wird. „Denn die Menschen einer ganz und gar geplanten Welt werden unsagbar einsam sein. Sie werden, wenn ihnen Gott ganz entschwunden ist, ihre volle, schreckliche Armut erfahren. Und sie werden dann die kleine Gemeinschaft der Glaubenden als etwas ganz Neues entdecken. Als eine Hoffnung, die sie angeht, als eine Antwort, nach der sie im Verborgenen immer gefragt haben. So scheint mir gewiss zu sein, dass für die Kirche sehr schwere Zeiten bevorstehen. Ihre eigentliche Krise hat noch kaum begonnen: Man muss mit erheblichen Erschütterungen rechnen. Aber ich bin ganz sicher, was am Ende bleiben wird: Nicht die Kirche des politischen Kultes, ... sondern die Kirche des Glaubens. Sie wird wohl nie mehr in dem Maße die gesellschaftsbeherrschende Kraft sein, wie sie es bis vor kurzem war. Aber sie wird von neuem blühen und den Menschen als Heimat sichtbar werden, die ihnen Leben gibt und Hoffnung über den Tod hinaus."

Man könnte meinen, Joseph Ratzinger habe seinerzeit in einer Vision vorausgesehen, was sich zu Beginn des 21. Jahrhunderts in Medjugorje abspielen wird. Die Menschen sind heute einsam und werden es immer mehr, sie suchen und finden Wärme „Zwischen den Bergen", sie entdecken in Medjugorje die kleine Gemeinschaft der Glaubenden als etwas ganz Neues, sie erleben dort eine blühende Weltkirche im kleinen, die ihnen als Heimat sichtbar wird und ihnen Hoffnung über den Tod hinaus gibt. Mit anderen Worten, sie erleben dort den ganzen Reichtum der Übernatur, der sie zu neuen Menschen werden lässt.

In seinen beachteten und bereits erwähnten Fastenpredigten hat Kardinal Giacomo Biffi 2007 die Wunden unserer Zeit noch einmal beim Namen genannt: „In einer Welt, die die unsichtbare Welt nicht anerkennt, ist der Tod eine Katastrophe." Ein Leben, das nach Ansicht einiger Menschen dazu bestimmt sei, mit dem Nichts zu enden, entleere auch das, was man zu Lebzeiten erreicht habe. Für die abartigste Handlung gäbe es nach dieser Sicht denselben Lohn wie für die großherzigste Tat … Diese Sinnleere sei für den menschlichen Geist etwas völlig Absurdes.

Kardinal Biffi rief die Hirten der Kirche dazu auf, sich einer gewissen Beeinflussung zu entziehen, die ein ernsthaftes Nachdenken über den Tod verhindere. Man müsse den Menschen nicht so sehr dahin bringen, zwischen einem zukünftigen Leben, von dem man nichts wisse, und einem Leben zu wählen, das man jetzt genießen könne, sondern man müsse ihn vor die Wahl eines sinnlosen Lebens stellen, das im Nichts ende, und der Hoffnung auf ein bevorstehendes Ereignis, das uns Sinn und Ziel gäbe: die Auferstehung. „Unser Leben ohne Gott wäre eine Stichflamme, die in einer Handvoll erloschener Asche endet."

Die Ärztin Dr. A. Distelrath hat es im Tumorzentrum des Klinikums in Fulda auf die kurze, aber ausdrucksstarke Formel gebracht: „Tod ist die Zukunft." In einem einst vergessenen Dorf „Zwischen den Bergen" in der Herzegowina leuchtet Millionen Menschen diese Zukunft immer wieder auf.

Kapitel X

Rückblick und Auftrag

Prophetischer Oberhirte

In einer Gartenlaube neben dem Hause von Slavica Vasilj tauschten Joachim Teiser, unser Reiseveranstalter, und ich Eindrücke des Tages aus. Obwohl es schon später Abend war, hörte man von der nahen Kirche immer noch Gebete und Gesänge. Es war eine besondere Atmosphäre, die über der Stätte lag. Man wollte sie regelrecht einatmen. In Gedanken zogen die vergangenen 25 Jahre an uns vorbei. Er hatte die Ereignisse von Anfang an mitbekommen, bereits 1981, damals noch Angestellter eines anderen Reiseunternehmens, das Ferienaufenthalte in Jugoslawien organisierte. An der Küste unten hörte er von seltsamen Vorgängen in den Bergen und wagte einen Besuch, wegen der Polizeisperren und Schikanen nicht ungefährlich.

In all den Jahren hatte er etwa 30.000 Pilger hierher begleitet. Und wie er hatten es viele andere getan, von der Floristin, der Bibliothekarin, bis hin zu kleinen und großen, bundesweit bekannten Unternehmern, wie Hubert Liebherr, der bei dieser Aufgabe zu einer großen Persönlichkeit herangereift ist. Die meisten organisierten diese Pilgerreisen neben ihrer beruflichen Tätigkeit. Andere hatten diese aufgegeben und sich ganz der Betreuung von Pilgern gewidmet. Sie alle waren ergriffen vom Geist jener Frau, die sich auf dem Berg, Podbrdo genannt, geoffenbart hatte.

Nach seinem tiefsten Eindruck in diesen Jahren fragte ich ihn. Es sei der 10. Jahrestag 1991 gewesen. Ich hatte diesen auch erlebt und musste ihm zustimmen. Die Nacht nach den damaligen Jubiläumsfeiern hatte tiefe

Spuren in unserer Seele hinterlassen. Unvergessliche Stunden hatten wir mit dem Seher Ivan Dragicevic und 50.000 Menschen aus der ganzen Welt unter sternenklarem Himmel auf dem Erscheinungsberg verbracht. Es war ein betender Berg geworden, die ganze Nacht hindurch. Und es war eine tiefe Botschaft, die gegen 22.00 Uhr über den Seher von der geheimnisvollen Frau aus der Ewigkeit zu den versammelten Pilgern drang. Die letzten aus unserer Gruppe verließen ihn erst gegen 4.00 Uhr in der Frühe. Kurz danach brach der blutige Bruderkrieg im damaligen Jugoslawien aus. Kroatien wurde zum leidgeprüftesten Land Europas. Wir schafften es mit Mühe, mit der letzten Maschine herauszukommen.

Die Ergriffenheit trug Früchte. Schon zwei Monate danach, während dort unten der Krieg tobte, organisierte Teiser mit einem Mitarbeiter des Fuldaer Generalvikariates, Heinz Nicolai, in Kerzell bei Fulda ein erstes Medjugorje-Deutschlandtreffen, zu dem 3.000 Menschen aus der ganzen Republik angereist kamen. Mit 30 Priestern aus verschiedenen Nationen feierten sie unter freiem Himmel die Messe. Es war das Bedürfnis, mit den auf dem Balkan, vor allem in Medjugorje bedrängten Menschen Solidarität zu zeigen. Der Tag schloss mit einer Prozession zur nahe gelegenen Fatima-Kapelle. Zum Abschluss verlas Dr. Slavko Barbaric, dem es auf abenteuerliche Weise gelungen war, aus Medjugorje zu kommen, eine Botschaft der Madonna, die Marija Pavlovic gerade in jenen Stunden erhalten hatte. Zum ersten Mal knüpfte die Gospa darin an ihre Erscheinungen im Jahre 1917 im portugiesischen Fatima an. Wörtlich hieß es u. a.: „Satan ist stark und will die Pläne des Friedens und der Freude zerstören ... Deshalb rufe ich euch alle auf, noch stärker zu beten und zu fasten. Ich lade euch zur Entsagung während neun Tagen ein, so dass sich mit eurer Hilfe all das erfülle, was ich verwirklichen möchte durch die Geheimnisse, die ich in Fatima begonnen habe."

1993, in Bosnien wütete immer noch der Krieg, organisierte Teiser in Petersberg bei Fulda ein weiteres Deutschlandtreffen der Medjugorje-Pilger. Mit Bussen, mit dem Auto, mit dem Zug oder zu Fuß waren sie aus allen Teilen Deutschlands gekommen, acht- bis zehntausend Menschen, um an der Einweihung der Kopie des Kreuzweges von Medjugorje teilzunehmen. Höhepunkt des Treffens war das Pontifikalamt mit Erzbischof Johannes Dyba, der – zu Lebzeiten oft umstritten – im Jahre 2000 plötzlich sterben und als prophetische Gestalt in die Geschichte eingehen sollte.

„Wir sind heute in Gesellschaft und Kirche in einer Situation, die sich eigentlich nur noch durch zunehmende „Degeneration" und Dekadenz beschreiben lässt. „Degeneration", d. h.: die Generationen brechen auseinander, das Leben wird nicht mehr weitergegeben, der Glaube wird nicht mehr weitergegeben", sagte der Oberhirte wörtlich. „... Und darin sehe ich auch den Sinn unseres Treffens heute: Wir wollen uns sammeln – ja, die Gottesmutter hat uns hier versammelt – um gemeinsam vor Gott zu treten und ihn zu bitten, unser Volk zu seinem Volk zu machen und seinem Volk das Heil zu schenken und nicht das Unheil, das es verdient hat. Wir wollen Gott bitten, durch unser Leben, durch unsere Liebe, durch unsere Treue, durch unsere Hingabe."

Zu dem Treffen fanden sich auch Marija Dugandzic, Prof. Dr. Ivan Dugandzic aus Zagreb und als besondere Überraschung die Seherin Marija Pavlovic ein, über die die Gottesmutter in einer Erscheinung in der Krypta der Liobakirche auf dem Petersberg die Gläubigen, ja alle Deutschen, die nach der Wiedervereinigung mehrheitlich nicht mehr katholisch waren, daran erinnerte: „Vergesst nicht, dass ich die Mutter aller bin." Nach der Messe hatte im Pfarrhaus ein Treffen zwischen dem Erzbischof Johannes Dyba und der Seherin stattgefunden, ein ganz offensichtliches Bekenntnis des Oberhirten zu Medjugorje, im Herzen der katholischen Kirche Deutschlands.

Noch einmal bekräftigte er diese seine Verbundenheit am 2. September 1995 beim dritten Medjugorje-Deutschlandtreffen im traditionsreichen Dom, am Grab des Apostels der Deutschen, des heiligen Bonifatius. In seiner Predigt sagte Dyba u. a.: „Denen, die Er liebt, mutet Gott vieles zu. Und weil wir zu denen gehören wollen, die ihn lieben und – wie wir so sehr hoffen – die Er liebt, deshalb wollen wir dem Herrn sagen: ‚Herr, uns darfst Du etwas zumuten. Mir darfst Du zumuten, an Deinem Kreuz mitzutragen. Herr, mir darfst Du zumuten, auf manches zu verzichten. Mir darfst Du zumuten, von meiner Zeit zu schenken für die Alten, für die Kranken, für die Unsicheren und Verwirrten und Schwachen, Herr, mute mir etwas zu.' Es ist für jeden im Leben verschieden, was der Herr ihm zumutet. Aber ich glaube, den Medjugorje-Pilgern – das ist eine hartnäckige Rasse –, denen kann Er viel zumuten. Und für alle, die sich als Kinder der Gottesmutter sehen, für alle die sollte es das Wort unzumutbar überhaupt nicht geben. Ja, wo es um Gott und die Kirche geht, da ist uns alles zuzumuten, und das soll die Welt auch erfahren."

Diese Bekenntnisse am jährlichen Tagungsort der

Deutschen Bischofskonferenz hatten eine unüberhörbare Aussage, nicht nur für Deutschland, sondern für Europa und die ganze Welt.

Erzbischof Dyba hat es sich übrigens nicht nehmen lassen, Medjugorje persönlich zu besuchen und kennenzulernen. Es schien angebracht, dies alles hier festzuhalten.

Gerade in jenem Jahr sollte Kroatien endgültig seine Freiheit erringen. Schon Jahre vorher hatten Medjugorje-Gebetskreise den Bundeskanzler der Republik, Dr. Helmut Kohl, mit Bittbriefen überhäuft, die Waschkörbe füllten, er möge sich innerhalb der Europäischen Union für die Unabhängigkeit Kroatiens einsetzen. Das hat er denn auch mit einer Entschiedenheit getan, die alle anderen Mitgliedstaaten sehr überrascht hat.

Vor diesem Hintergrund sind Aussagen interessant, die im Sommer 2006 der prominente römische Theologe Stefano De Fiores – Fachmann für Marienfragen – gemacht hat. Ich las sie kurz nach meiner Rückkehr aus Medjugorje. Er gehört der Internationalen Päpstlichen Akademie für Mariologie an. Gegenüber der Wochenzeitung „Famiglia Cristiana“ sagte er, Medjugorje sei ein Phänomen, das man nicht unterschätzen dürfe, weder unter sozialem noch kirchlichem Gesichtspunkt. „Ein Desinteresse an Bewegungen wie jener in Medjugorje, in der es möglicherweise eine Prophetie gibt, ist also keine evangeliumgemäße Haltung.“ Der Theologe warnte davor, „voreingenommen Charismen auszulöschen, denn die Marienerscheinungen bewirken nichts anderes, als die Kirche wachsen zu machen, damit sie nicht unvorbereitet ist angesichts einer Zukunft, die voller Gefährdungen erscheint.“

Und in der Tageszeitung *Avvenire* meinte er ergänzend: „Der Gehorsam gegenüber der Kirche ist niemals passiv, sondern bezieht die Unterscheidung mit ein. Es ist ein aktiver und verantwortungsvoller Gehorsam ... Wir müssen im Volk Gottes wieder das Vertrauen wecken. Die Pilger, die nach Medjugorje fahren – freuen wir uns doch, dass sie dort sind – sind keine Kinder oder minderbemittelten Leute, sondern erwachsene Christen, die das Recht haben, im Glauben zu wachsen."

Schutz und Ermutigung

Heute besucht kaum eine Gruppe Medjugorje, ohne nicht auch einen Abstecher ins Kloster in Siroki Brijeg zu machen, um sich bei Pater Jozo Zovko, dem Märtyrerpriester von Medjugorje, ermutigen zu lassen und den Segen zu holen.

Auch ich freute mich darauf, ihn zum Ausklang unserer Reise wiederzusehen, seine Worte zu hören und ihn zu sprechen. Zum 25. Jahrestag empfand ich dies als zusätzliches, besonderes Geschenk.

Wie zum Auftakt dieses Besuches war ich am 24. Juni von der Mitarbeiterin der Pfarrei, Lidija Paris, im Pfarrhaus von Medjugorje um einen Rückblick über die dortigen Ereignisse gebeten worden, um eine kurze philosophisch-theologische Interpretation der Botschaften dieser Stätte. Nicht im geringsten ahnte ich, wofür das Interview bestimmt war. Einige Monate später, im März/April 2007, wurde es im Internet auf die Web-Seite des Informationszentrums „Mir" gesetzt, in kroatischer, englischer, deutscher und italienischer Sprache. Programme in anderen Ländern übersetzten und übernahmen es z.B. in Spanisch und in Tschechisch. Erst jetzt begriff ich die Symbolik des Tages, an dem das Gespräch aufgenommen worden war. Nämlich genau auf den Tag war vor 25 Jahren auf dem nahen gelegenen Podbrdo die „Frau aller Frauen" aus der Ewigkeit herausgetreten, um auf ihre Weise in die Geschichte der Menschheit einzugreifen, die sich geistig, moralisch und physisch auf den Abgrund zubewegt. Ein Vierteljahrhundert später durfte ich von dieser Stätte aus ihr Anliegen vertreten.

Kurz nachdem das Interview um den Erdball gegangen war, bat mich die Redaktion einer renommierten Zeitschrift für den ganzen deutschsprachigen Raum, „Kirche heute", um eine Stellungnahme zu dem Buch von Papst Benedikt XVI. *Jesus von Nazareth*, ein brillantes Werk von großer Tiefe. Mit diesem Titel hat der Nachfolger Petri dafür gesorgt, dass kommenden Generationen nicht nur Bibelschrott hinterlassen wird. Man hatte sich für mich als Kommentator entschieden wegen des *Jahrhundertskandals*, in dem die zweifelhaften Methoden der Bibelkritik von mir beim Namen genannt worden waren. In den kühnsten Träumen hatte ich nicht zu hoffen gewagt, dass man mir einmal eine so verantwortungsvolle Arbeit anvertrauen würde. Den Artikel in Händen, vor Augen immer noch das Interview in Medjugorje, das von allen Windrichtungen der Erde angeklickt worden war, wurde mir noch einmal deutlich, warum mir im Klinikum zu Fulda aus einer anderen Welt noch einmal eine bestimmte Zeit geschenkt worden war. Und tiefe Scham erfasste mich gegenüber dem Himmel.

Aber zurück zu Jozo Zovko. Wer ist dieser Mann? fragte jemand auf der Fahrt im Buss, der zum ersten

Mal in Medjugorje war. Ja, wer ist dieser Mann, wer war dieser Mann, dem in den schwerwiegenden Wochen im Sommer des Jahres 1981 eine providentielle Rolle in dem verlorenen Dorf zwischen den Bergen zugefallen war? An seinem Leben zeigt sich die geheimnisvolle Führung einer Hand, die nicht von dieser Welt ist.

1941 erblickte er in der Nähe von Siroki Brijeg, seiner heutigen Wirkungsstätte, als achtes von zehn Kindern das Licht der Welt. Als er vier Jahre alt war, ermordeten in der Gemeinde kommunistische Partisanen dreißig Franziskaner. Das muss die gläubige Bevölkerung traumatisiert und auch das Kind tief erschüttert haben. Schon sehr früh also wurde sein Glaube auf eine harte Probe gestellt, ein Glaube, in dem die Entscheidung heranreifte, selbst Priester zu werden. 1960 trat er in das Noviziat der Franziskaner ein, 1967 erhielt er, nach Studien in Sarajewo und in Lubljana, die Priesterweihe. An der Feier der ersten heiligen Messe in seinem Heimatort Uzarica nahmen tausend Personen teil. Kündigte sich damals schon an, dass einmal Millionen von Menschen aus aller Welt bei ihm Trost und Hoffnung suchen würden?

Danach wurde er als Seelsorger in mehreren Pfarreien eingesetzt. 1974 schickte man ihn zu weiteren Studien nach Graz in Österreich. Obwohl ihm angeboten wurde, an der Universität zu bleiben, entschied er sich für die Rückkehr in seine Heimat. Sein tiefer Glaube gewann ihm das Vertrauen der Gläubigen. Aber genau das wurde den atheistischen Behörden ein Dorn im Auge. Man erzwang Versetzungen von einer Gemeinde in die andere. Schließlich wollte man ihn ganz kalt stellen und bewirkte 1980 seine Abschiebung in ein verlorenes Dorf zwischen den Bergen. Anschaulicher kann gar nicht dargestellt werden, wie der Himmel auch auf krummen Zeilen gerade zu schreiben vermag. Es dürfte die schwerste „Fehleinschätzung“ gewesen sein, die den Machthabern unterlaufen ist. Er selber beklagte sich gegenüber einer Ordensschwester: „Was kann ich dort bewirken, keine Schule, kaum Arbeitsplätze, nur eine Schlafstätte für die Bewohner.“ Ihre Antwort trug fast prophetischen Charakter: „Der Herr wird dort eine Arbeit für Sie vorgesehen haben.“ Und so war es.

Acht Monate nach seinem Umzug, er hatte gerade für ein paar Tage Exerzitien für Schwestern in Zagreb übernommen, erschien am 24. Juni 1981 auf dem Podbrdo sechs Jugendlichen jene geheimnisvolle Frau aus einer anderen Welt, die vieles in der Kirche und in vielen Ländern der Welt verändern sollte. Jetzt bekam Jozo Zovko mehr Arbeit als er verkraften konnte. Zunächst musste er erst einmal die Seherkinder ins Kreuzverhör nehmen und überprüfen. Seine Mitbrüder erzählen heute freimütig, wie sie damals im nahe gelegenen Kloster Humac untereinander scherzten und sich fragten, wie er wohl mit der kritischen Situation fertig werden würde, ganz allein auf sich gestellt.

Am 2. Juli 1981 geschah dann das Unglaubliche. Die Gemeinde hatte sich in der Kirche versammelt, um zu hören, was die Seherkinder zu berichten hatten. Da sah der Pfarrer, wie vom Eingang her die Madonna durch die Kirche hereinschwebte und sich für den Glauben der Menschen bedankte.

In Scharen strömten nun Menschen von überall her in die Gemeinde, in die Pfarrkirche, auf den Berg und riefen damit die Behörden auf den Plan. Sie befahlen ihm, die Bewegung zu unterdrücken. Aber Zovko weigerte sich.

Konnte er anders handeln, nachdem ihm auf so ungewöhnliche Weise bestätigt worden war, dass die Kinder die Wahrheit sagten?

Ein paar Jahre später verbrachten meine Frau und ich mit unseren Töchtern wieder einmal ein paar Tage in Medjugorje. Da hörten sie an einem Nachmittag, dass Jozo Zovko aus seiner Pfarrei in Tihaljina gekommen war, und in der Kirche gerade dabei war, zu deutschen Pilgern zu sprechen. Schnell gingen sie hinein, um noch etwas mitzubekommen. Als sie sich durch den Mittelgang auf den Hauptaltar zu bewegten und vorn nach einem Sitzplatz Ausschau hielten, unterbrach der Franziskaner plötzlich seine Rede, zeigte auf meine Frau und sagte zu den Pilgern: „Dort, wo diese Mutter jetzt mit ihren Kindern steht, an jener Stelle, habe ich sie gesehen." Wollte er damals auch meiner Frau etwas sagen, die zu jener Zeit noch evangelischen Glaubens war? Anschließend setzte er seine Katechese fort.

Am 17. August 1981 wurde Jozo Zovko verhaftet, von der Geheimpolizei gefoltert und musste blutüberströmt nach Mostar ins Krankenhaus gebracht werden. Schließlich wurde er der Verschwörung angeklagt. Er sollte zermürbt werden, man wollte ein Geständnis aus ihm herauspressen. Auf Grund falscher und manipulierter Zeugenaussagen wurde er zu dreieinhalb Jahren Gefängnis verurteilt. Die Strafe verbüßte er bei eisiger Kälte und schwerer Zwangsarbeit. Nach der Berufung ließ das Bundesgericht in Belgrad Teile der Anklage fallen und verminderte die Strafe auf eineinhalb Jahre.

Im Gefängnis wagte niemand mit ihm zu sprechen, nicht einmal das Personal. Ein Wächter wurde erschlagen, weil er Zovko um die Taufe gebeten hatte. Den Franziskaner schirmte man hermetisch ab. Er wusste nicht einmal, dass sein Mitbruder Ferdo Vlasic ebenfalls im Gefängnis saß. Man versuchte sogar, andere Insassen gegen ihn aufzubringen. Eines Tages flüsterte ein Mithäftling ihm zu: „Gib acht, sie versuchen alle gegen dich einzunehmen, eine frostige Atmosphäre um dich zu schaffen." Auch Zeugen wurden unter Druck gesetzt. Als ein Mann zugab, er hätte in Medjugorje gesehen, wie sich das Kreuz auf dem Berg gedreht habe, wurde er einige Monate ins Gefängnis geworfen.

Dem Hass des Regimes diente Zovko als Blitzableiter. Mit seinen Leiden stärkte er den Seherkindern, die ständigen Schikanen ausgesetzt waren, das Rückgrat. Niemand vermag zu sagen, in welchem Ausmaß das Beispiel ihres Seelsorgers Zovko für sie Schutz und Ermutigung war.

Während des serbischen Angriffs auf Kroatien und Bosnien-Herzegowina in den Jahren 1991/2 scheute Zovko nicht, die Zentren der Macht aufzusuchen. Zweimal sprach er im UNO-Sicherheitsrat, dann vor dem Europäischen Parlament in Strassburg, besuchte Staatsmänner in London, Washington, New York, Paris, Brüssel und Rom, traf im Vatikan den Heiligen Vater, um dem sinnlosen Töten auf dem Balkan ein Ende zu setzen. Bei einem späteren Besuch bat ihn der große Papst, Johannes Paul II.: „Beschützen Sie Medjugorje!" Im Sinne jener Frau aus der Ewigkeit, die 1981 im grauen Kleid, der Farbe des Dienens, über die Seher die Menschen dazu aufgerufen hatte, mit Gott und untereinander Frieden zu schließen, scheute er keine zermürbenden Opfer, um diese Botschaft in die Herzen der Menschen einzupflanzen.

Er liebe, so sagte dieser schlichte Franziskaner einmal, die Worte Jesu: „Schaut auf die Früchte." Unsere Aufgabe sei es, zu sehen. Wir hätten heute kein Recht auf Nichtwissen, auf Blindheit. Das Geheimnis von Medjugorje öffne sich einem, wenn man die Früchte erkenne: das Fasten, das Menschen auf sich nehmen, die Entsagungen, die Rückkehr zum Glauben, das Gebet der andern.

Vor Augen stünden ihm jene Leute, die er getauft habe. Ein englischer Kardinal habe ihm von einem britischen Politiker erzählt, der aus einer einflussreichen Familie komme, Peter Hartley, einst Anglikaner, heute Katholik, großer Verehrer der Gospa. Auf seinem Grundstück in London habe er einen Kreuzweg errichten lassen, den er, Zovko, weihen durfte. Einen französischen Politiker hat er taufen dürfen, in einer Kirche voller Vertreter aus der Politik.

Große Hochachtung empfindet Jozo Zovko für die Seherkinder, inzwischen reife Menschen, die große Leiden auf sich nehmen mussten. Allen medizinischen Untersuchungen hätten sie sich gestellt, den scharfsinnigen Fragen der Theologen. Die Medizin sei dabei an ihre Grenzen gestoßen – sie habe keine Erklärung, hier sei Glaube gefragt – die Kirche.

Im Gespräch mit einer Zeitschrift meinte Zovko, Erscheinungen und Botschaften der Madonna hätten etwas vollkommen Neues bewirkt. Menschen würden, wenn sie aus Medjugorje zurückkehrten, weiter wirken, daheim in ihren Pfarreien, in den Bistümern. Tausende und Abertausende von Gebetskreisen seien entstanden, Gemeinschaften, die nach den Richtlinien der Madonna zu leben sich bemühten. Allein ihm gegenüber hätten sich zehntausend Menschen in 16 Ländern der Erde ver-

Marija Pavlovic-Lunetti während der Erscheinung am 25.06.2006 in Medjugorje

pflichtet, nach den Botschaften der Gospa zu leben … in China und in Moskau. In der russischen Hauptstadt versammelten sich jeden Donnerstag 1.500 Menschen in einem Gotteshaus, Orthodoxe und Katholiken, um den Rosenkranz zu beten. Das sei eine Kraft, die ausstrahle.

In allen Ländern, auf allen Kontinenten hätten diese Gruppen ihren Charakter, ihre wöchentlichen Programme und wenn sie sich im Heiligtum in Medjugorje einfinden, fügten sie sich schnell in die Atmosphäre ein. Und man sehe, wie sie stundenlang knien, wie sie sich barfuß auf die Berge hinaufschleppten, Menschen, deren Füße nie über kantige Steine gelaufen sind.

„Ich verstehe", so Jozo Zovko, „warum die Gospa erschienen ist. Nicht damit es uns gut geht, sondern weil vieles in der Kirche wackelt, Familien zerbrechen, das Leben zerbricht, die Werte des Evangeliums zerbrechen, wir leben nach den Vorgaben des Zeitgeistes. Wir sind nicht mehr Salz der Erde, nicht mehr Licht der Welt. Die Kirche ist müde geworden, angefangen bei uns Priestern. Es gibt keine Ideale mehr, die Gotteshäuser leeren sich, die Kaffeehäuser werden voll. Der Genuss regiert.

Sechs Kinder, die wir Seher nennen, haben unendlich viel getan. Gott und die Gottesmutter wirken durch sie. Die Menschen bedrängen z. B. die Seherin Vicka, damit sie ihnen die Hände auflegt, sie mit einem Lächeln beschenkt, Hoffnung vermittelt und sie ermuntert, nicht aufzugeben. Wie viele Menschen meinen, ihr Leben hätte keinen Sinn mehr. Wir ahnen nicht, wie schwer das Leben heute sein kann.

Auf einmal hat sich vieles geändert. Die Gospa hat uns die Schönheit wiedergegeben. Die Menschen knien wieder, fasten, kommen barfuß von weit her. Und Menschen, die das sehen, lachen nicht, sie werden nachdenklich. Kinder haben das bewirkt, selbstlos, nicht des Prestiges wegen. Ihre Namen kennen Millionen und Abermillionen von Menschen."

Beeile Dich!

Was Zovko von den Sehern sagt, das gilt auch für ihn. Als wir ihn mit meiner Familie einmal Anfang der 90er Jahre in Tihaljina aufsuchten, seiner früheren Pfarrstelle nach den Jahren im Gefängnis, mussten wir einige Stunden auf ein Gespräch warten. Menschen aus allen Nationen wollten ihn sehen. Meine Töchter streiften durch die Menschenmenge. Nach einiger Zeit kam die jüngste auf uns zu und sagte: „Wisst ihr was? Man braucht eigentlich keine großen Reisen zu machen, um die Welt kennen zu lernen. Heiligmäßig musst du sein, dann kommt die ganze Welt zu dir."

So war es auch 2006 in Siroki Brijeg. Auf der nahe gelegenen Wiese standen bereits, als wir ankamen, ein paar Dutzend Busse. Die geräumige Kirche war voller Pilger aus Deutschland. Pater Jozo sah mich eintreten und gab mir ein Zeichen, nach vorn zu kommen. Mein Besuch war ihm wahrscheinlich angekündigt worden. Er sprach im Telegrammstil. Kurz, knapp, als wäge er jedes Wort, als sei jedes Wort für die Ewigkeit gesprochen – und man hatte den Eindruck, aus der Ewigkeit heraus.

„Die Leute suchen etwas, was sie verloren haben – in Medjugorje", sagte er. „Auch Gott sucht, Er sucht nach dem verlorenen Schaf. Ein einziges ist Ihm kostbar. Er lässt 99 stehen, um nach dem verlorenen zu suchen. 99

zu 1. Dahinter steckt keine ökonomische Logik. Aber es ist die Logik des Kreuzes, die Logik einer großen, tiefen Liebe. Es ist auch die Logik von Medjugorje. Deutschland braucht mehr als nur neues Geld. Wir haben unsere katholische sakramentale Familie verloren. Wir sind arm geworden. Maria sagt in Medjugorje: Ich kann dir helfen! Und Millionen sagen: Wir haben gefunden."

Dann nahm Pater Jozo eine Statue in die Hand, zeigte sie nach allen Seiten. „Diese Statue kommt aus Korea", sagte er, „von Pilgern aus dem fernen Korea mitgebracht. Aus Deutschland kommt Fußball. Erneuerung durch Fußball – wie es in den dortigen Medien heißt. Hier aber sagen wir: Jesus ist mein Gott! Der Kreuzberg, das ist Liebe, das ist Erneuerung."

Einen Augenblick schaute er mich an, ein durchdringender Blick, und vermittelte mir anschließend zwischen den Zeilen, aber in bewegten Worten, eine persönliche Botschaft. Zweimal wiederholte er sie – und sprach mich dabei bei meinem Vornamen an. Hinterher fragte ich meine Frau, ob sie es mitbekommen hatte. Sie hatte es nicht. Ich fragte andere, ob sie verstanden hätten. Sie hatten es nicht. In dieser persönlichen Botschaft war mir der Grund dafür genannt worden, warum ich noch lebe – und der Rahmen, der mir noch zur Verfügung steht.

Den Gläubigen zugewandt, fuhr er fort: „Sage nicht morgen, sage heute. Morgen kann es zu spät sein." Mir ging auf, was er damit auch mir sagen wollte. Dann kam er zum Abschluss: „Zu Jesus bekehren, heißt fruchtbar sein. Du kannst nicht zerstören und in Ruhe leben wollen. Fasten ist unser Wachstum. Priester unter dem Mantel der Gottesmutter sind Hoffnung. Betet um solche Priester."

Nach der Predigt ging ich in die Sakristei. Pater Zovko kam mir mit ausgebreiteten Armen entgegen. „Alfons, du musst ein Buch über Medjugorje schreiben!" sagte er zur Begrüßung. Konsterniert erwiderte ich: „Ich habe doch bereits zwei verfasst, auf Ihre Aufforderung hin, vor Jahren. Barbaric selber hat vor seinem Tode gesagt, sie hätten den Kern der Geisteswelt von Medjugorje getroffen. Ich wüsste nicht, was ich noch dazu tun könnte." Er schaute mich nachdenklich an. „Aber jetzt schreibst Du noch eins!" – „Ist das eine Aufforderung?", fragte ich nach. „Sieh es wie du willst. Es wird dir einfallen, was du zu Papier bringen musst! Du schreibst es nicht für dich, du schreibst es für die Kirche!" Dann legte er mir die Hand auf den Kopf und segnete mich. Seine Abschiedsworte klangen noch lange in mir nach: „Beeile dich! Wir zählen dich zu den ersten Zeugen. Jede Stunde deines dir noch geschenkten Lebens ist wichtig. Denke daran!"

In der Kirche warteten viele Menschen, um von ihm gesegnet zu werden, unter ihnen meine Frau. Benommen strebte ich dem Ausgang zu. Draußen empfing uns strahlender Sonnenschein und glückliche, ganz von der Begegnung mit dem bekannten Franziskaner erfüllte Menschen, unter ihnen Hubert Liebherr, der große Unternehmer, der ein Pilger geworden war. Ich konnte diese Menschen verstehen.

Am Abend in Medjugorje suchte ich das Grab von Pater Slavko Barbaric auf und bat um seine Fürbitte bei Gott. Auf den Schultern fühlte ich eine schwere und doch sanfte Bürde. Als ich mich von ihm entfernte und auf die von Menschen umschwärmte Pfarrkirche zuging, wusste ich, dass jeder Tag, der auf mich zukam, ein Auftrag sein würde, jede Stunde ein Geschenk, mehr als je zuvor, und wie in den kritischen Tagen im Tumorzentrum des Klinikums in Fulda spürte ich die Gegenwart jener Ewigen Liebe, die nichts anderes will, als uns teilhaben zu lassen an Ihrem Sein. Die Gnade aller Gnaden ist es, sich in dieses „Du", das wir Gott nennen, zu verlieben.

Über den Autor

Geboren im damaligen Freistaat Danzig, wuchs der Autor in einer deutsch-polnischen Kultur auf. 1939 wurde er unter dem NS-Regime mit der Familie in ein Konzentrationslager eingeliefert. Das hat sein Denken für immer geprägt. Nach dem Zweiten Weltkrieg studierte er Philosophie, Theologie und Psychologie in Rom, Paris, Posen und Warschau. Seit 1957 lebt er in der Bundesrepublik. Verheiratet mit einer Historikerin. Sie haben drei indische Adoptivtöchter. Über vierzig Jahre verfolgte er als kritischer Publizist die internationale Politik. In den 60er Jahren veröffentlichte er das *Polnische Experiment*, eine Vorahnung großer Dinge, die aus Polen kommen sollten. Das erste Exemplar überreichte er in Rom während des Zweiten Vatikanums Erzbischof Karol Wojtyla aus Krakau, an dem sich einmal die Vision erfüllen sollte.

In den 80er Jahren schlug er mit den Titeln *Ich adoptierte Kinder aus Indien* und *Komm Thomas, leg' deine Hand in meine Seite* literarische Brücken nach Indien. In den 90er Jahren kam *Auf den Spuren des ungläubigen Thomas* hinzu. Von den Titeln *Der prophetische Aufbruch von Medjugorje* und *Medjugorjes Botschaft vom dienenden Gott* gingen Impulse für das theologische und politische Denken aus. *Die Madonna und die Deutschen*, *Die Frau von Marpingen* und *Leuchtfeuer für Europa* sind dem Verhältnis der Deutschen zur Madonna gewidmet. *Weine über Deutschland, mein Kind* gilt der Aussöhnung der Kulturen und *Jahrhundertskandal* schließlich rechnet mit den unwissenschaftlichen Forschungsmethoden ab, die sich mit dem Leben Jesu auseinandersetzen.

Bibliographie

Chopra, D.	How to Know God Philadelphia 2001
Eadie, B. J.	Licht am Ende des Lebens München 2000
Faulstich, J.	Das Innere Land München 2006
Frigerio, L.	Dossier Scientifico su Medjugorje Gera Lario 1986
von Hildebrand, A.	The Privilege of Being a Woman Naples, Florida 2002
Jakoby, B.	Die Brücke zum Licht Hamburg 2005
Jenkins, Ph.	The Next Christendom Oxford 2002
Johannes Paul II.	Erinnerung und Identität Augsburg 2005
Laurentin/Joyeux	Medizinische Untersuchungen in Medjugorje Graz 1986
Laurentin/Rupcic	Das Geschehen von Medjugorje Graz 1985

Menon, R. R. Indian Music
New Delhi 1998

Müller, Th. Medjugorje
Wien 2006

Ratzinger, J. Zur Gemeinschaft gerufen
Freiburg 1991

Ratzinger, J. Gott und die Welt
Stuttgart 2000

Rugna, D. Da Mein Weg durch die Medizin
Stein a/Rhein 2005

Sarrach, A. Der prophetische Aufbruch von Medjugorje
Jestetten 1991

Sarrach, A. Medjugorjes Botschaft vom dienenden Gott
Jestetten 1993

Sarrach, A. Jahrhundertskandal
Jestetten 2003

Sarrach, A. Leuchtfeuer für Europa
Jestetten 2005

Shalit, W. A Return to Modesty
New York 1999

Weitere Titel von A. Sarrach

Weine über Deutschland, mein Kind

Im Februar 1994 musste ein deutscher Journalist seine 18-jährige indische Tochter, eine begabte Geigerin, nach einem Nervenzusammenbruch ins Ausland bringen. Was er und seine Frau lange nicht wahrhaben wollten, stellte sich als bedrückende Wirklichkeit heraus.

192 Seiten; € 10,–

Medjugorjes Botschaft vom dienenden Gott

Anhand der Botschaften von Medjugorje zeigt Alfons Sarrach, wie sehr der allmächtige Gott sich den Menschen entgegenneigt und durch Jesus zum Diener wird. Die Herausforderung für uns ist es, Ihm ebenso als Dienende nachzufolgen – und die Welt zu verändern. Ein Buch mit Weitblick. 192 Seiten; € 12,70

Leuchtfeuer für Europa

Heroldsbach bei Bamberg wurde 1949 bekannt, als Kinder von Marienerscheinungen berichteten. Sarrach versteht es, die Zeitgeschichte, die Mystik und den geistigen Kampf zu analysieren und die große Chance für die Zukunft aufzuzeigen. 220 Seiten; € 10,80

Komm Thomas, leg' deine Hand in meine Seite

Eine Einführung in das Leben Jesu und seines Jüngers Thomas, der als der große Zweifler in die Geschichte eingegangen ist. Dieser Messiasbericht veranschaulicht die geistige Verbundenheit des Apostels mit dem erhöhten Herrn und macht sie fruchtbar für andere.

320 Seiten; € 11,30

Jahrhundertskandal

Bibelkritiker der letzten 200 Jahre haben die Wissenschaft missbraucht, Meinungen als Forschungsergebnisse auszugeben: Sie haben damit Millionen Menschen den biblischen Boden unter den Füßen weggezogen. Sarrach zeigt anhand neuester Ergebnisse, dass die Evangelien glaubwürdig sind. 192 Seiten; € 10,–

Die Madonna und die Deutschen

Am Horizont dieser Zeit zeichnet sich eine Frauengestalt ab, die als einzige einen Ausweg aus der Sackgasse weist, in die die Menschheit sich manövriert hat: die Madonna. Auf dem Hintergrund der Ereignisse des 20. Jahrhunderts versucht der Autor, dies anhand von Heede, Marienfried und Schönstatt zu begründen.

192 Seiten; € 10,–

Die Frau von Marpingen

Marpingen/Saarland. Drei Frauen geben an, ihnen erscheine die Madonna – und überbringe Botschaften an Deutschland. In diesem Werk leistet der Autor eine breite Untersuchung vor dem Hintergrund der Zeitgeschichte.

192 Seiten; € 9,80

Auf den Spuren des „ungläubigen Thomas"

Der Autor geht in Südindien den Spuren des Apostels Thomas nach. Thomas ist kein Mythos, keine Legende, sondern gehört zu den größten Gestalten in der Geschichte der Menscheit.

192 Seiten; € 10,–

MIRIAM VERLAG

Brühlweg 1 · D-79798 Jestetten
Telefon: 0 77 45 / 92 98-3
Fax: 0 77 45 / 92 98 59
eMail: info@miriam-verlag.de
Internet: www.miriam-verlag.de